ANTES DEL DISEÑO

Romano, Ana María

Antes del diseño : Una cosmovisión del diseño y la arquitectura / Ana María Romano. - 1a ed - Ciudad Autónoma de Buenos Aires : Infinito, 2024. 114 p. ; 22 × 14 cm. - (Miradas ; 2)

ISBN 978-987-3970-44-3

1. Perspectiva de Género. 2. Universidades. 3. Diseño de Proyecto. I. Título.
CDD 320.5622

Colección Miradas
Idea y supervisión general: Cristina Lafiandra
Diseño gráfico: Karina Di Pace

e-mail: info@edicionesinfinito.com
http://www.edicionesinfinito.com

ISBN 978-987-3970-44-3

Hecho el depósito que marca la ley 11.723

Ana María Romano

ANTES DEL DISEÑO

Una cosmovisión superadora:
andamiaje del diseño y la arquitectura

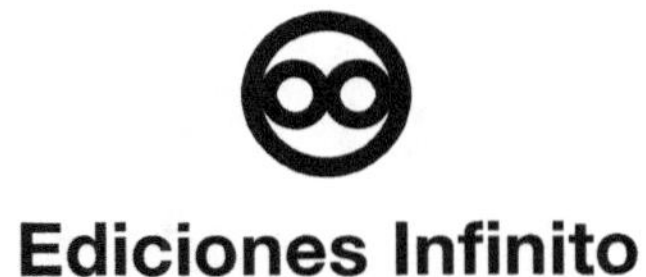

Ediciones Infinito

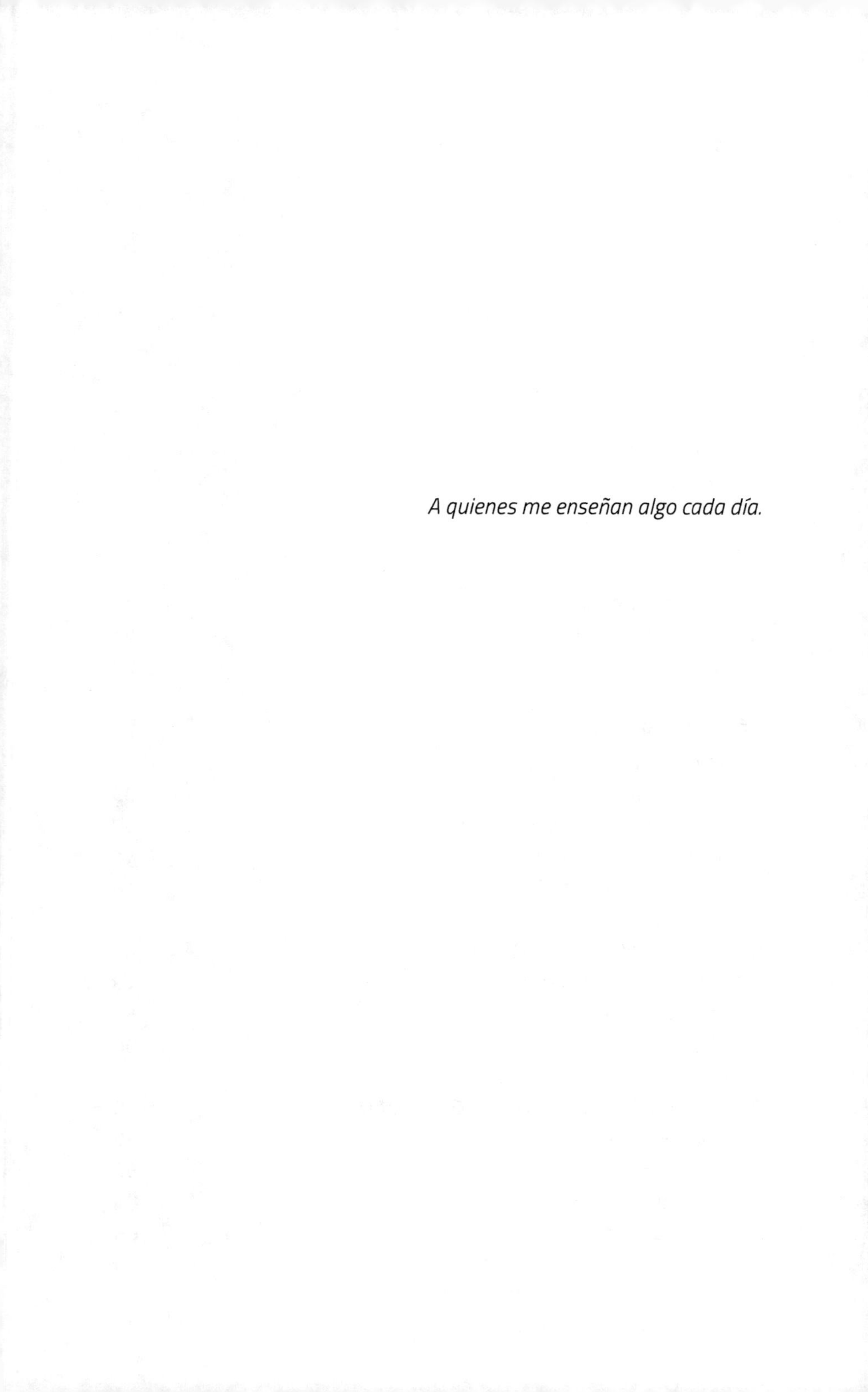

A quienes me enseñan algo cada día.

Índice

PRÓLOGO

Verónica Devalle

Los buenos libros suelen valorarse por el tipo de apertura que proponen, por el modo en que modifican una mirada, por la inmersión en una narrativa transformadora. Y, también, por dejar reverberando la sensación de que aquello que sostienen es absolutamente cierto, aunque paradojalmente es poco o nada lo escrito sobre el tema hasta su irrupción como fuerza perturbadora. Los buenos libros dicen por primera vez lo que resulta evidente cuando se termina de leerlos. Y esto es lo que se celebra. La sensación de que se trata de lo irrebatible, cuando se empieza a mirar el tema con otras perspectivas.

Antes del diseño, el último libro de Ana María Romano ocupa ese lugar, y suma otro conjunto de bellas cualidades. Es preciso y agudo en su capacidad para diagnosticar el presente del pensamiento ceñido en torno al proyecto, léase en su vertiente arquitectónica-urbanística como así también en relación a los distintos diseños. Es también, esperanzador en el sentido de apostar a la modificación de hábitos profesionales y de miradas disciplinares a través del ejercicio de una inclusión crítica de nuevas perspectivas teóricas.

Romano parte de un diagnóstico irrefutable. Las disciplinas proyectuales no han puesto en crisis parte de sus fundamentos conceptuales, y al seguir inercialmente subidas a las epistemologías clásicas, reproducen una serie de presupuestos que las socavan por dentro. Dicho de otra manera, buena parte de los fundamentos conceptuales y la base epistemológica de la arquitectura, el urbanismo y el diseño en la actualidad son patriarcales, eurocéntricos y despliegan una mirada instrumental sobre la vida en nuestro planeta.

Si bien existe un conjunto sumamente importante de autores que precedentemente han trabajado sobre esta misma crítica, donde se destacan perspectivas feministas que han logrado deconstruir la mirada patriarcal sobre el proyecto, como así también de autores que han hecho lo mismo desde los diseños pensados en clave decolonial, el libro de Romano suma una importante contribución. Aporta un diagnóstico completo de la crisis de la preceptiva moderna y marca las aporías en todo un conjunto de lugares críticos para la arquitectura y el diseño.

Cada uno de los capítulos del libro está destinado a marcar con nombre y apellido estas problemáticas que son, a la vez que encerronas de la praxis del proyecto —en tanto hacer/pensar proyectual—, la repetición de un sentido común de la profesión marcado por las exclusiones a las que hicimos referencia.

Así, el primer capítulo está dedicado a la relación entre género y proyecto, el segundo aborda la colonialidad del proyecto, el tercero, por su parte, problematiza la relación entre pensamiento, lenguaje e identidad. Los dos últimos capítulos, destinados a la recuperación de nuevos saberes vinculados al proyecto y a la presentación de la perspectiva *bachelariana* como fructífero camino de deconstrucción del pensamiento hegemónico, son aquellos donde Romano ciñe agudamente la mirada en el mundo proyectual *strictu sensu* y muestra la productividad de las teorías invitadas a implosionar desde sus bases el pensamiento moderno.

El libro, y quiero enfatizar este aspecto, es además un noble homenaje a la interdisciplina. Se sitúa en un lugar solvente que muestra, casi como una clase magistral, cómo es posible convocar diferentes corpus teóricos —que van desde la filosofía, la didáctica, la antropología, los estudios culturales, la sociología, la lingüística moderna, entre otros— y articularlos al universo proyectual desde un anclaje poco recorrido. Y lo hace con las reglas más nobles del mundo académico, con honestidad intelectual, con distancia crítica y con una profunda vocación pedagógica. Claro, el texto tiene como principal destinatario a arquitectos, diseñadores, urbanistas, estudiantes de esas carreras que deben, imperiosamente, advertir sobre la extensión de prácticas profesionales alienadas y alienantes del hábitat humano.

Se trata de un imperativo porque el planeta, la condición del otro como fuente sensible del proyecto, no merecen ni pueden tener más postergación.

Celebramos especialmente la publicación de este valiosísimo trabajo.

PREFACIO

A lo largo de mi formación profesional y docente fui atravesando distintas experiencias marcadas por cambios políticos y académicos; dictaduras y democracias; intentos de adoctrinamiento e instancias de libre pensamiento; vaivenes ideológicos... una babel que motivó muchos cuestionamientos, reflexiones y revisiones de todo lo aprendido.

El primer paso es darse cuenta, luego investigar, hacerse cargo de las elecciones y por último aceptar las consecuencias al renunciar a la resignación de ser arrastrada sin rumbo por la corriente.

En ese proceso fui dejando atrás un mundo de certezas construido trabajosamente y acepté navegar entre olas de crecientes contradicciones.

Comprendí que las «verdades» eran sospechosas, que no había *una* verdad, *una* realidad, *un* pensamiento único y debía aprender a lidiar con la complejidad, la incertidumbre, la diversidad, surfear sobre las dudas y continuar incansablemente la búsqueda, sabiéndola inacabable.

Lo aprendido y aceptado con la naturalidad de lo inapelable exige ser puesto en cuestión y eso es muy movilizante.

Es necesario aceptar la subjetividad del conocimiento para develar los sesgos encubiertos y saber que solo podremos hacerlo parcialmente.

Cuestionar y replantear lo sabido a la luz de otros saberes, hacerlo con honestidad intelectual, cometer errores y tratar de preservar ciertos principios.

Desaprender y aprender, ampliar el horizonte de saberes con alternativas capaces de interpelar al propio y, en el rol de formadores, enseñar a los estudiantes a cuestionar con fundamento lo sabido y aprendido para remover los obstáculos epistemológicos que impiden pensar y actuar con libertad.

Somos parte de una cultura edificada sobre un pensamiento hegemónico portador de un sesgo distorsivo que tiñe cada nuevo conocimiento y que naturalizamos hasta aceptarlo como verdadero.

Sobre esta estructura vamos construyendo nuevos saberes, que adolecen del mismo pecado original.

Estas marcas deben ser develadas y sometidas al pensamiento crítico para poder ser removidas.

Necesitamos comprender que detrás de los relatos hay saberes que son transformadores, intencionalmente invisibilizados, tergiversados y que demandan ser recuperados e integrados al universo de lo conocido y aceptado, saberes que merecen un análisis crítico, luego podremos decidir incorporarlos o no a nuestro acerbo, pero no podemos negarlos porque su solo conocimiento es esclarecedor.

El pensamiento hegemónico deja afuera mucho más de lo que incorpora y todo eso no solo reclama ser incluido, sino que, paradójicamente al hacerlo completa y potencia a ese pensamiento que ha decidido excluirlo.

Por supuesto que esa exclusión lleva implícitas intenciones de dominación que ofrecerá fuerte resistencia para salvar su supervivencia antes de ceder posiciones. Los cambios son posibles, serán lentos, pero también irreversibles.

Por el carácter transformador de la enseñanza proyectual y su incidencia directa sobre la realidad, al reiterar la construcción de un conocimiento que perpetúa dichas exclusiones, obturamos la evolución de nuestro hábitat.

En este libro propongo atender algunas miradas capaces de ampliar la cosmovisión con la que enfrentamos el diseño y su enseñanza, como un desafío para ensanchar y profundizar la búsqueda de una verdad que siempre nos precede, inalcanzable, para que no dejemos de buscarla.

El objetivo es reflexionar sobre cada hallazgo, ponerlo en cuestión, decidir si su consideración es superadora, si invalida o modifica saberes instalados y si amplía positivamente los límites de nuestro conocimiento.

Podemos seguir mirando la realidad con un solo ojo, pero tarde o temprano descubriremos que tenemos dos... y ¡cuánto mejor se ve!

Fui educada generacionalmente en una cultura patriarcal y más tarde supe que el mundo podía observarse desde otros puntos de vista y que aquella perspectiva instalada, en su persistencia, había bloqueado la mitad del pensamiento de la humanidad y que esa mitad tenía mucho para aportar.

El feminismo abre una puerta para ver el mundo de otra manera, pero sobre todo para saber que puede ser construido de otra forma.

Varias olas feministas recorrieron lentamente un proceso que partió del pensamiento binario para ir integrando paulatinamente otras realidades, incluyendo múltiples diversidades, valorando experiencias situadas, sensibilizándose crecientemente y ganando rigor con cada incorporación hasta elaborar su propia epistemología y metodología.

En el campo de la arquitectura y el diseño han hecho propuestas que son disparadores de otras igualmente progresistas, abiertas a su descubrimiento.

El pensamiento feminista no es un pensamiento «de mujeres para mujeres» sino una forma integradora que excede en mucho la cuestión de género.

Séverine Auffret, en su *Historia del feminismo*, insta por «una sociedad auténticamente mixta, multicultural, multiétnica y multisexuada», la que «puede ofrecer un poderoso modelo socioeconómico y político, que supere el viejo humanismo hipócrita: el que solo acepta al otro con la condición de que sea igual, e impone como único modelo al hombre blanco, varón, adulto, sano, rico y civilizado.»

En este nuevo existencialismo *todos* los seres humanos participan y resultan igualmente favorecidos.

En los campos del diseño y de la arquitectura esta perspectiva ofrece una mirada lúcida, complementaria, que habilita cuestionamientos esclarecedores y se abre a otras realidades proponiendo soluciones superadoras que se reflejan en la construcción integral del hábitat.

Por otra parte, dando otro giro epistemológico, debemos incluir a las culturas originarias, olvidadas, subestimadas, colonizadas, que aportan voces legendarias violentamente silenciadas.

Su relación con el universo, con la naturaleza, de los cuales nos hemos distanciado renunciando a su respetuoso cuidado, perdura en estas culturas ancestrales, con convicción trasmitida a su descendencia, al igual que lo hacen formas de convivencia colaborativas, que nosotros también hemos extraviado.

Comprender las razones de su cancelación y sus consecuencias para recuperar el sentido de sus saberes es una asignatura pendiente que el giro descolonial propone cumplimentar.

Analizar y valorar las contribuciones de diversas comunidades esparcidas por el mundo posiciona nuestra mirada en otra dimensión, la del respeto a las subjetividades como acto de justicia social y cognitiva inescindibles.

No hay objeto de diseño que no dialogue con el contexto, comprender nuestros rasgos de identidad para prolongarlos y potenciarlos con nuestras acciones e insertarnos sin daños en nuestro medio puede hacer de nuestro espacio un lugar saludable y mejor. Podemos convertirlo en un objetivo innegociable.

Debemos recuperar el respeto por el planeta, volvernos sensibles a su vulnerabilidad y saber cuánto del deterioro compete a nuestras acciones como diseñadores, arquitectos y urbanistas, para ser conscientes de la reversión que podemos producir replanteando nuestras conductas con producciones genuinamente reparadoras, fundadas en otras formas de habitar.

Podemos aprender de quienes conservan una relación más armónica con el universo e incorporar nuevas disciplinas que analizan posibles soluciones en esa dirección, como la topofilia, el ecofeminismo, la bioarquitecura o la neuroarquitectura para edificar lo que he definido como un humanismo ecuménico, es decir: de todos para todos.

A partir del reconocimiento de los errores cometidos, es momento de remover los obstáculos que bloquean el conocimiento genuino y abrir diálogos interdisciplinares, tejer redes, actuar conjuntamente y volver sobre nuestras disciplinas con miradas renovadas y renovadoras, tratar de rescatar la esencia de nuestra identidad, el espíritu de nuestros lugares, las morfologías que nos representan, los modos y medios de producción propios, dejar de incorporar acríticamente lo ajeno a nuestra cultura y a las características de nuestro entorno. Afortunadamente hay teorías y acciones que abren ese camino.

En la misma línea de recuperación de valores se incluye la defensa del lenguaje original.

Las lenguas son dinámicas y el cambio es parte de su propia esencia, no obstante, hay una intencionalidad diluyente al contaminarla sistemáticamente. La palabra nos constituye, nos define, construye nuestro mundo y nuestra conciencia. Todo lo que somos es a partir de la lengua natal, afectarla intencionalmente, es un arma potente de dominación, de colonización.

En el texto se reflexiona desde diferentes ángulos con la intención de recuperar la noción de su importancia, que perdemos cuando naturalizamos y reiteramos formas hegemónicas que contradicen el espíritu de nuestra cultura.

El mundo dinámicamente complejo que enfrentamos demanda la construcción de perfiles profesionales con creciente sensibilidad social, capaces de encontrar soluciones idóneas, creativas y éticamente inobjetables.

Para hacerlo se requiere preparar alumnos empáticos con las problemáticas sociales y construir perfiles profesionales sólidamente preparados y con elevada conciencia de su responsabilidad.

Como formadores debemos detectar los obstáculos epistemológicos que lo impiden, incluyendo los nuestros, destrabarlos y abrir alternativas superadoras, enseñar a desaprender y despejar el camino para volver a aprender.

Estas son sólo algunas de las ideas planteadas, que espero ganen claridad durante el desarrollo del texto, son esbozos que pretenden actuar como detonantes para multiplicarse en fértiles propuestas.

Quizás es el momento de detenernos a pensar, tratando de no ser arrastrados por la corriente, reinventarnos y proponer nuevos puntos de partida, mirar al prójimo con empatía y hermanarnos en la diversidad.

ANTES DEL DISEÑO

¿Qué hay antes del diseño?

Cuando nos encontramos ante un nuevo proyecto, más allá de su envergadura o su especificidad, nos preparamos con entusiasmo y disponemos algunos elementos para que nos acompañen en el trayecto creativo.

Reunimos lo necesario para el viaje, pero al haber acumulado contenido previamente, debemos revisar nuestra mochila antes de cada nueva aventura y decidir que incluir y que excluir.

Cargamos concepciones, sentimientos, creencias, prejuicios, conocimientos, expectativas, recuerdos de viajes anteriores... en síntesis, lo que hemos reunido a lo largo de nuestra vida, de la formación y en el ejercicio disciplinar. Durante este libro iremos revisando ese bagaje y analizando su influencia en la toma de decisiones para, también aquí, decidir que incluir y que excluir.

Nuestro conocimiento y existencia, están en permanente cambio y si bien es cierto que no podemos desprendernos de lo vivido y aprendido que conforma nuestra cosmovisión, el pensamiento crítico habilita un horizonte de transformación que puede mejorar las acciones que operan sobre la dinámica de la realidad.

La idea de este texto, al revisar esas concepciones, es salir de la soledad de la epistemología proyectual para entablar un diálogo con otras epistemologías, que pueden aportar valiosas perspectivas para su transformación positiva. Corren tiempos interdisciplinares sin los cuales no es posible encarar la complejidad del presente. También es momento de integrar las voces que han sido desoídas o subestimadas a lo largo de la historia y recuperar los aportes sistemáticamente cercenados de los campos del conocimiento.

Generalmente creemos que cuando nos disponemos a diseñar, conocido el problema, nuestra creatividad emprende el vuelo libremente en busca de la solución. Sin embargo, el bagaje previo que portamos en ese momento guía nuestras decisiones, condiciona nuestros resultados y altera el hábitat con sus consecuencias.

¿Cuáles son los condicionamientos, cuál es su origen y cómo actúan? Una reflexión profunda nos ayudará a comprenderlos y desactivarlos.

En momentos en que los fundamentos tradicionales del conocimiento están seriamente cuestionados, cada disciplina debe revisar los cimientos sobre los cuales ha edificado sus saberes e inevitablemente debe hacerlo en el marco de redes interdisciplinarias que, nutriéndose mutuamente, aporten al proceso de revisión, deconstrucción y reconstrucción de los propios paradigmas; considerando que «los cambios actuales no afectan a una disciplina aislada sino que enfrentamos un cambio global en la concepción del saber que incluye también los modos de producción y validación de conocimientos y, por lo tanto, modifica las relaciones de poder» (Najmanovich, 2010).

La autora agrega que, en el panorama general de la cultura, los cambios epistemológicos producidos a partir de la crisis de la modernidad, que se gestó a finales del siglo XIX y estalló a lo largo del siglo XX, desde las Ciencias Cognitivas a las Ciencias de la Complejidad, permite trazar una vasta cartografía que da cuenta de las líneas de descomposición de la concepción moderna del conocimiento como representación objetiva del mundo exterior en la mente del sujeto.

Enfoques, numerosos y diversos, han dado lugar a importantes desarrollos que toman en cuenta las dinámicas transformadoras de un pensamiento en permanente configuración y reconfiguración.

Al mismo tiempo, hacen su aparición nuevos actores históricos, se fracturan las concepciones tradicionales, se abren nuevas perspectivas y surgen otras formas de producción y validación de los saberes.

Como consecuencia «las humanas tareas de enseñar y aprender han tomado formas diferentes según la concepción del conocimiento que tengamos, las tecnologías de la palabra y los medios de comunicación que utilicemos, los estilos vinculares que adoptemos, los valores que se pongan en juego y los modos en que se institucionalizan las prácticas de enseñanza-aprendizaje en cada sociedad, así como las redes que las vinculan y atraviesan» (ibídem). Entre mutaciones aceleradas, complejidades e hibridaciones, aceptaremos que la razón ya no nos puede dar las certezas que creíamos; nuestros abordajes serán siempre parciales, provisorios, incompletos y de límites inciertos, sin renunciar a que sean progresivamente superadores.

En el marco de estos cambios, sabemos que hay que trascender el patrón centroeuropeo, antropocéntrico, inscripto en la economía de mercado y la globalización, que establece las reglas y constituye la matriz agotada (y agotadora) vigente.

Encuadraremos las reflexiones sobre diversos temas que abrirán el análisis a alternativas capaces de renovar nuestra mirada sobre el ejercicio profesional y su enseñanza, intentando romper los límites que disciplinan nuestra subjetividad, tan constreñida por la racionalidad, conmovernos, revincularnos creativamente y mirar empáticamente a nuestros semejantes tendiendo una red de puentes solidarios.

El giro propuesto

La arquitectura y las disciplinas de diseño comparten un mismo modo de pensamiento, con coincidencias en lo proyectual y sesgos disciplinares propios de cada una de ellas.

Nuestra tradición pragmática, fuertemente profesionalista, incluye y trasciende el ámbito profesional y alcanza a sus modalidades de enseñanza, reduciendo los tiempos de reflexión teórica sobre su epistemología y sobre los fundamentos éticos profundos que justifican y a su vez construyen el sentido de sus producciones y su trascendencia sociocultural.

Al diseñar, disponemos de nuestra valiosa experiencia y el bagaje de conocimientos disciplinares que fuimos reuniendo hasta ese momento; sin duda herramientas imprescindibles, pero que no solemos cuestionar.

Son el conjunto de circunstancias que han contribuido a nuestra formación, que han conformado nuestra cosmovisión, conocimientos y experiencias que, naturalizados, inciden sobre cada una de nuestras decisiones y que merecerían ser constantemente revisados.

De igual modo, al programar los contenidos a enseñar, no es frecuente que se transparenten los criterios con los que se seleccionan las variables a trasmitir y, consecuentemente, permanecen ocultos los fundamentos de las elecciones que construyen nuestra subjetividad, la de los alumnos y la de los propios docentes, las mismas que condicionan las variables y decisiones al proyectar. A su vez, cada estudiante llega con su historia de vida y el bagaje de concepciones adquiridas en su contexto familiar, social y durante su formación, los que constituyen marcos referenciales a partir de los cuales incorporan nuevos conocimientos modificando las estructuras preexistentes y construyendo nuevas.[1]

Estas concepciones son transferidas a los objetos diseñados y el enfoque holístico, que oculta los fundamentos de las elecciones, influye directamente sobre los usuarios y el hábitat, trasladándose a la construcción de la subjetividad social individual y colectiva.

Estos procesos se realizan en un marco institucional condicionado y condicionante que integra una cadena de subordinaciones presentes, aunque veladas, en el proceso de toma de decisiones.

Los sucesivos determinantes que definen las mismas en el ámbito de la formación están a su vez sometidos a múltiples influencias: las políticas educativas, como parte de las políticas públicas que a nivel nacional, provincial y local determinan la oferta académica, su financiación, las prioridades que se establecen, el sistema de ingreso, las condiciones de permanencia y egreso y otras muchas variables que en un nivel macro regulan el sistema dentro del cual cada unidad académica habrá de darse su propia organización, definir el perfil profesional de acuerdo a objetivos predeterminados, administrar el presupuesto y tomar iniciativas según los particulares, diversos y contradictorios intereses del campo y sus tensiones político académicas.

---

[1] Enrique Pichon-Rivière denomina ECRO (Esquema Conceptual Referencial Operativo) a las concepciones propias de cada estudiante, con las cuales aborda los problemas; esquema que progresivamente va transformando su subjetividad en los intercambios grupales y en los diferentes contextos sociales con los que interactúa.

En este marco, es fundamental reconocer y reflexionar sobre las distintas instancias que van dando forma a las concepciones que construyen la cosmovisión del diseñador, ideología que incide en sus decisiones, que de modo más o menos directo emergen durante el proceso de diseño, sesgadas por las improntas personales, políticas y sociales implícitas.

La posibilidad de transparentar estos fundamentos permitiría el análisis crítico y la revisión de las prácticas y contribuir con una perspectiva más amplia e inclusiva a despejar el cono de sombra en el que permanece velado el fundamento ideológico de las propuestas y sus consiguientes consecuencias.

> «Hay, efectivamente, una política de la mirada, cuya historia alguien debería alguna vez escribir: ella mostraría que, así como no hay lecturas inocentes (decía Althusser) tampoco hay formas ‹puras› de la mirada, que puedan pretender no sé qué ingenuidad incontaminada por el barro y la sangre de la historia.» (Grüner: 2002, 13)

El autor sostiene que «para situarse, sartreanamente, ante un mundo que aspira a una abyecta transparencia visual, es necesario empezar por confesar de qué maneras de mirar somos culpables» (ibídem) y agrega, que «la imagen[2] ha sido históricamente constitutiva de la subjetividad colectiva y el imaginario social histórico, con el papel constructor de la memoria que busca fijar por la mirada el orden de pertenencia para los sujetos de una cultura y, en una aparente singularidad, termina sacrificándose a la trascendencia de la idea dominante que, paradójicamente, queda oculta.» (ibídem, 18).

En el texto de mi autoría *Conocimiento y práctica proyectual* (2015),[3] derivado de mi tesis doctoral, he reflexionado sobre algunas teorías cognitivas que introducen visiones renovadas sobre nuestra práctica, el pensamiento complejo, las conversiones entre el conocimiento tácito y

---

[2] Si bien se refiere a la imagen pictórica, sus alcances pueden proyectarse a otros órdenes de la visualidad.

[3] Romano, Ana María (2015). *Conocimiento y práctica proyectual*, editado por Ediciones Infinito (N. del E.).

explícito, la teoría de las inteligencias múltiples, los aprendizajes en la acción, el pensamiento narrativo... enfoques que al articularse con las formas tradicionales nutren el pensamiento.

Este libro da un paso más y amplía las ideas que he expresado en artículos previos, reflexionar sobre distintas posiciones epistemológicas para permitir que atraviesen la proyectualidad con el objetivo de que el diseño, la arquitectura, el urbanismo y la formación, se posicionen conscientemente en una experiencia inclusiva y situada, al servicio de los intereses y la cultura de quienes no son escuchados o han sido silenciados pese a tener aportes para hacer, que sin duda nos enriquecen y, a la vez, volver la atención sobre el planeta en el intento de contribuir con nuestras acciones, a detener su destrucción sistemática.

La epistemología proyectual será el cauce en el que desembocarán otras corrientes epistemológicas, para nutrirla y transformarla con sus afluentes. Comenzaremos por introducir en los debates disciplinares los pensamientos y conocimientos ausentes u olvidados para asumir una dimensión ideológica superadora en el momento de diseñar.

Constantes cambios, nuevas formas de pensamiento, continua renovación tecnológica, nuevos perfiles profesionales, entre otras razones, abren una insoslayable perspectiva de revisión sobre nuestras concepciones y prácticas, obligando a reconsiderar objetivos, contenidos y métodos en un posicionamiento disciplinar superador que incluya la formación, atento a que buena parte de los cambios se gestan en el interior de los talleres.

Podría parecer que nuestras posibilidades son infinitamente inferiores a las fuerzas que favorecen el *status quo*, sin embargo, como decía en sus clases la Doctora Marta Zátonyi, en la continuidad de la historia cada época engendra su propio contrario. Los cambios empiezan tímidamente y van tomando fuerza progresivamente hasta lograr una transformación significativa.

La conformación histórica del espacio y sus objetos son un producto cultural, representativo de la ideología dominante que construye su sentido, modela estilos de vida y es transferida a las propuestas espaciales y modos de convivencia.

Durante el aprendizaje y el ejercicio profesional, las narrativas sesgadas, los espacios ausentes de la historia, los protagonismos invisibilizados, se traducen en fuertes obstáculos epistemológicos que hay que remover para instalar un nuevo estado de conciencia, admitiendo la dificultad de que quienes nos proponemos hacerlo llevamos subjetivamente las marcas de los mismos sesgos cognitivos que deseamos erradicar.

La propuesta es revisar los condicionamientos del pensamiento proyectual y develar sus carencias examinando teorías que habilitan otras miradas, al considerar estos puntos:

- Proponer enfoques inclusivos devenidos de las epistemologías feministas y poscoloniales, que pueden iluminar el diseño contrarrestando la mirada hegemónica vigente en sus producciones.
- Volver la atención sobre el lenguaje que, acechado en su identidad, obstruye la posibilidad de conocimiento genuino.
- Recuperar un piadoso humanismo que respete el orden cósmico y restituir los valores sensibles que ponderan las relaciones afectivas entre lugar, habitante y cultura, revitalizando necesidades y características locales y compromiso con el medio ambiente.
- Articular el conocimiento de nuevas tecnologías proyectuales y constructivas con el rescate de valiosos saberes ancestrales.
- Incorporar la reflexión sobre otros modos de habitar y producir, que acompañen los cambios sociales y atiendan la demanda de nuevos perfiles profesionales.
- Reconocer y remover los obstáculos epistemológicos generados por la formación y abrir la posibilidad de acceder a conocimientos superadores.

Transitar hacia estos cambios será un camino escarpado, incierto, con tropiezos y cambios de rumbo pero marcado por el derrotero irrenunciable de un destino ecuménico.[4]

---

[4] Referido a un profundo sentido de humanidad, para todas las personas y en todo el mundo.

GÉNERO Y PROYECTO

Durante la historia del diseño, principalmente de la arquitectura y el urbanismo, el aporte de las mujeres a la profesión y a la academia ha sido desestimado, desconocido, impedido e invisibilizado y con ello sus maneras de pensar, vivir, concebir el espacio y trasmitir sus experiencias de habitarlo y conformarlo.

> «Un relato malintencionado de la historia que ha borrado sin tapujos la presencia de las mujeres en la construcción del conocimiento» (Muxí: 2019)

Estas perspectivas ausentes son fuertemente cuestionadas por las arquitectas y urbanistas feministas que, con su militancia, sus investigaciones y sus producciones, señalan desde hace tiempo la dirección de los cambios, todavía incipientes al chocar con el techo de cristal que los limita e impide.

Con las miradas faltantes se forman las nuevas generaciones profesionales, un punto a subsanar para no seguir contando sólo la mitad de la historia. Confrontar la epistemología proyectual tradicional con las epistemologías feministas no sólo completará la mirada sino que generará nuevos y potentes conocimientos para el campo.

Como afirma Carol Gilligan (1982) la experiencia es sexuada y experiencias diferentes contribuyen a la construcción de subjetividades diferentes.

Los problemas derivados del pensamiento binario reclaman el pensamiento contextual y narrativo característico de las mujeres, opuesto al pensamiento formal y abstracto, preferentemente característico de los hombres.[5]

Los productos emergentes de unas y otros comunican subjetividades diferentes y construyen subjetividades diferentes.

Las consecuencias de estas ausencias inciden en la construcción del hábitat. La sociedad patriarcal se remonta lejos en la historia, no obstante, adhiriendo a teorías más recientes podemos decir que el contrato social, publicado por J. J. Rousseau en 1762, origen del derecho político, establece una negociación a través de la cual los hombres renuncian a su estado de naturaleza para someterse voluntariamente al respeto de las reglas, a cambio de gozar los beneficios de un intercambio social pacífico, regulado bajo la protección del Estado, en tanto la mujer queda bajo su protección.

«La sociedad civil se crea por medio del contrato, de modo que contrato y patriarcado aparecen como irrevocablemente contrapuestos», en tanto, continúa la autora, «el contrato social es una historia de libertad, el contrato sexual es una historia de sujeción.» (Pateman: 1995, 10)

El verdadero origen del derecho político se pierde y se instaura el derecho de los varones sobre las mujeres.

En la configuración del espacio quedan delimitadas dos esferas, la pública y la privada (políticamente irrelevante) que incluye el contrato matrimonial.

---

[5] Según Diana Maffía (1990) «Ha sido una característica del pensamiento moderno tomar como categorías básicas una serie de dualidades (...) Cuando el dualismo entre masculino y femenino se dibuja sobre estas categorías, la masculinidad se vuelve sinónimos de razón y objetividad (cualidades asociadas a la participación en las esferas públicas de gobierno, comercio y ciencia) mientras que la feminidad se vuelve sinónimos de sentimiento y subjetividad (cualidades asociadas con la esfera privada de lo doméstico y el hogar). Este dualismo, profundamente asentado en la cultura occidental, ha estimulado y mantenido una dominación jerárquica de lo masculino sobre lo femenino». Revista *Hiparquía* III, UNLP. Disponible en: ‹http://www.hiparquia. fahce.unlp.edu.ar/numeros/voliii/razon-y-genero›.

Epistemologías feministas

Los estudios culturales surgen a mediados del siglo XX ante la necesidad de romper las barreras de las disciplinas tradicionales. Plantean tres temas, los estudios de género (un campo transdisciplinar), la importancia del análisis histórico local y la estimación de los valores asociados con las realizaciones tecnológicas y su relación con otros valores.

Las epistemologías feministas integran un conjunto de alternativas disidentes que rescatan saberes científicos y no científicos, históricamente silenciados que salen a la luz para construir con ellos y a partir de ellos nuevos y valiosos conocimientos que se renuevan con su intersección.

Diana Maffía (2007) señala que la ciencia ha sido una empresa casi exclusivamente masculina, siendo las mujeres solo objeto de sus investigaciones. Resultan así expulsadas las cualidades femeninas en la construcción y legitimación del conocimiento, junto a las masculinidades subalternizadas por la subjetividad hegemónica, cómo los indígenas y los afrodescendientes.

A las epistemologías feministas se le adjudican condiciones peyorativas negándoles valor epistémico y reduciendo sus conocimientos a una ideología o a críticas sociales al tiempo que invalidan sus métodos.

Es necesario discutir estrategias metodológicas para la reconstrucción feminista de la ciencia, señalando el sesgo patriarcal y la falta de neutralidad. Las contribuciones epistemológicas feministas se remontan al último cuarto del siglo XX, con puntos de vista divergentes o contradictorios entre ellas.

Interesa señalar que el lenguaje y las metáforas utilizadas no sólo expresan, sino que influyen en la representación cognitiva y que el androcentrismo perjudica tanto a las mujeres como a la ciencia, incluyendo a la democracia, en tanto, agrega, todo intento hegemónico es ética y políticamente opresivo. Frente al control tendencioso surgen posturas disidentes, como el feminismo y las teorías poscoloniales, entre otras.

Sandra Harding (1998) intenta algunas respuestas ante la pregunta sobre si existe un método feminista.

Encuadra los términos en cuestión: métodos, técnicas de recopilación de información; metodologías, teoría y análisis de los procedimientos de investigación y los problemas epistemológicos relativos a las teorías del conocimiento.

Plantea que existen tres métodos de investigación social, escuchar a los informantes, observar el comportamiento y examinar vestigios y registros históricos, los tres son empleados por las investigadoras feministas; con diferencias en la forma de realizarlos. Atienden particularmente a lo dicho por las mujeres, al comportamiento de mujeres y hombres (poco considerados en las perspectivas convencionales) y a la búsqueda de patrones no reconocidos por la ciencia tradicional.

Sostiene que las teorías fueron aplicadas sin la participación de las mujeres en la vida social y que las actividades masculinas no son representativas en ese sentido.

Las epistemologías, como teoría del conocimiento, tratan también sobre las pruebas para su legitimación y, hasta ahora, la voz de la ciencia es masculina y la historia se escribió desde ese punto de vista, de allí que las investigadoras feministas hayan propuesto teorías alternativas que legitiman a las mujeres como sujetos de conocimiento.

Sin duda hay aspectos a profundizar, pero ciertamente este enfoque abre constantemente nuevas perspectivas que ya no miran a las mujeres «agregándolas» a las visiones androcéntricas tradicionales, sino que cambian fundamentalmente la mirada y construyen categorías de análisis que trascienden al feminismo.

Algunos objetivos a los que contribuyeron las teorías feministas fueron el reconocimiento de las formas locales y de las experiencias diferentes, las que construyen subjetividades diferentes, en tanto la experiencia es sexuada y situada.

Esto invalida la pretendida «objetividad» y pone en valor las situaciones biográficas como determinantes, incluso las de quienes investigan.

Carol Gilligan (1982) sostiene que la resolución de los dilemas exige un modo de pensar contextual y narrativo que es propio de las mujeres, en lugar de formal y abstracto característico de los varones, agregando que, en nuestros modelos de género, cruzados por el poder, la experiencia de mujer es desde un lugar subordinado.

La autora pone en valor las narrativas de las protagonistas en el discurso, a la vez que reivindica la jerarquización de lo doméstico y de la vida cotidiana.

La institucionalización del feminismo se ubica por los años ochenta, consolidándose con los «Estudios de las mujeres», que dan cabida a una multiplicidad de diferencias impulsadas por las feministas negras y las lesbianas que marcan la triple opresión de raza, clase y sexo, reaccionando al feminismo blanco, anglosajón, protestante (WASP).

Esa mirada crítica hacia la propia producción inaugura la teoría feminista en el amplio espectro de su diversidad incluyendo, entre otras, las post-colonialistas, relacionadas con la dominación y explotación culturalmente diferenciada y las ecofeministas, relacionadas con la defensa del medio ambiente; temas que desarrollaremos en próximos capítulos.

Por este camino iremos comprendiendo la importancia de estas formas de conocimiento y el modo en que interpelan la proyectualidad, ampliando las perspectivas desde donde miramos al mundo y a la propia disciplina y enriqueciendo la subjetividad del proyectista para permitir posiciones conscientes en el momento de diseñar.

> «La educación es a la vez opresiva y liberadora. Opresiva en el sentido de que mantiene los estereotipos patriarcales acerca de los papeles de mujeres y varones, liberadora porque da la posibilidad de abrir vías de conocimiento de otras realidades.» (Bach: 2010, 98)

De allí la intención de liberar el conocimiento proyectual tradicional y abrir alternativas que contemplen otras formas de pensar, inclusivas y diversas, que intervengan sobre un hábitat libre de discriminación y que albergue a todas las subjetividades.

Espacio en disputa

Cómo se dijo, las mujeres fueron excluidas del contrato social originario y sometidas al paternalismo, ya que el derecho masculino incluye las esferas pública y privada, abarcando toda la sociedad moderna, civil y patriarcal.

> «La antinomia, privado/público, es otra expresión de natural/civil y de mujeres/varones. La esfera (natural) privada y de las mujeres y la esfera (civil) pública y masculina se oponen, pero adquieren su significado una de la otra.» (Pateman: 1995, 22)

Admitiendo que la síntesis que antecede es irreverentemente breve para dar cuenta de un tema de tal profundidad, interesa notar que en la representación social del espacio, lo público y lo privado quedan plasmados y tienen allí, cada uno de ellos, su residencia simbólica. Por una parte, la ciudad, esfera de lo público, de la actividad productiva y dominio preeminente del varón y, por otra parte el espacio doméstico, de orden privado, reproductivo e improductivo —en tanto no remunerado— al cuidado de la mujer.

Utilizando el concepto «foucaultiano» de dispositivo, en este caso dispositivo de la espacialidad, podemos decir que tal como los sistemas de poder producen a los sujetos que representan, construyen también sus contextos, entre los cuales el espacio doméstico y el espacio público son eslabones de la red de relaciones saber-poder en la que se inscriben los discursos, las instituciones, los enunciados y las espacialidades que imprimen su sello a nuestras vidas. La diferenciación entre espacio privado y espacio público enuncia distintos grados de pertenencia y subordinación.

> «Aunque existe el ‹mito› de que el espacio privado pertenece a la mujer y el espacio público al hombre, es decir el espacio interior y el espacio exterior, el espacio de la vivienda y el espacio de la ciudad, vemos que a ésta no le pertenecen ninguno de los dos (...) las mujeres habitamos y somos usuarias pasivas, sin cuestionarnos, ni advertir la invisibilidad que encierra no solo el diseño, sino la existencia real material de esos espacios que nos envuelven» (Cevedio: 2017).

La representación, político, social y física del espacio se reproduce puertas adentro en el microcosmos del hogar, demarcando también sectores públicos y privados, segmentando.

El contrato social-sexual tiene su propia representación en el espacio y esta estructura espacial a su vez condiciona la posibilidad de cambio de los modos de habitar, que con el tiempo han devenido múltiples y diversos.

El modelo espacial heteronormativo sigue rigiendo la arquitectura de la vivienda sin registro de las mutaciones operadas desde la familia nuclear clásica hasta los diversos tipos de convivencia actualmente existentes y en permanente transformación.

Este modelo se extiende a toda la arquitectura, a los objetos de diseño, al espacio urbano y a la formación profesional, prolongando la desigualdad.

La arquitectura con el ritmo aletargado de su propia naturaleza, no ha acompañado los cambios y el espacio representado no se corresponde con el espacio vital actualmente requerido.

Las rebeldías se engendran siempre en el corazón mismo de la dominación y la resistencia en su sujeto históricamente damnificado, en este caso la mujer.

Así, se han ido desarrollando las corrientes feministas, que tuvieron su correlato en las voces disciplinares que progresivamente han ido instaurando su crítica y transformación al modelo vigente.

Como se dijo, el papel de la mujer en la arquitectura y el diseño fue permanentemente invisibilizado, tanto como protagonista del hábitat como en sus aportes disciplinares.

El canon occidental, burgués, heterosexual, clasista, con su práctica patriarcal ha afectado y afecta la producción y transmisión de conocimiento y la construcción del espacio; aún en las producciones de muchas mujeres que se incorporaron paulatinamente a la disciplina desafiando el anonimato, pero sin poder concretar el desplazamiento de la mirada androcéntrica.

Algunas voces se alzaron progresivamente para advertir y hacer público este sesgo que confiere al hábitat una delimitación que debe ser revisada, en tanto proyecta valores e ideologías que al reproducirse perpetúan el modelo que lo genera.

Tradicionalmente, desde el hombre de Vitruvio de Leonardo (siglo XV) al Modulor de Le Corbusier (siglo XX), entre otros, el varón fue tomado como unidad antropométrica, como patrón falsamente «universal» en la construcción del hábitat y los procesos de estandarización de la arquitectura y el diseño.

Su presencia en nuestras vidas, su prolongación en cada nuevo profesional, nos aleja de una arquitectura y diseño inclusivos y diversos.

Ese mandato, engendrado en la diferencia de género, es transferido al discurso del proyecto y a su representación del espacio que, como productor de subjetividad, es performativo (transfiriendo el concepto de Judith Butler), lo que obliga a actuar el género ajustándose a la norma impuesta, a representar en los mismos lugares los mismos papeles y a crear una ilusión de realidad a través de la repetición constante que —naturalizada— encubre su origen.

Las feministas materialistas de la segunda mitad del siglo XIX hicieron propuestas espaciales de viviendas colectivas proponiendo el trabajo doméstico cooperativo a través de equipamientos comunes para cocinas, lavanderías y guarderías, a los efectos de mitigar las pesadas tareas domésticas de las mujeres que, además, necesitaban recurrir a otras tareas remuneradas para sostener el hogar.

La modernidad aportó el rediseño espacial, funcionalismo, eficiencia e higienismo, no sin la participación de las pioneras del movimiento moderno. Con la segunda ola del feminismo en los años setenta, se reflexiona sobre la necesidad de deconstrucción de la dicotomía público/privado señalando que esta ha sido concebida con una mirada patriarcal que no representa a la mujer y la pone al servicio de los otros.

Con la tercera ola del feminismo en los 90, los colectivos de mujeres al platear iniciativas de cambio también lo hacen reclamando una revisión de la metodología pedagógica, de la teoría de la arquitectura y la incorporación de la percepción de género a la disciplina, el diseño y el urbanismo, si bien estos intentos permanecen al margen del *establishment*.

En esta línea se plantea una reconvención cooperativa de los espacios, por un lado, experiencias de *co-living*, sistemas colaborativos del cuidado de los hijos para disponer de un mayor tiempo productivo, tercerización del trabajo doméstico, propuestas de investigación disruptivas como la casa sin cocina,[6] concebidos ya como paliativo para la

[6] La casa sin cocina es un proyecto de investigación de la arquitecta barcelonesa Anna Puigjaner, premiado por la Universidad de Harvard. En esa tipología la cocina ocupa una barra para uso eventual, en unidades que forman parte de conjuntos

carga de trabajo femenina, ya como provocadora utopía alejada de los hábitos culturales y proyectando una nueva estructura espacial de la vivienda, diseñada con criterio democrático.

Aún con discursos que están lejos de integrarse transversalmente y oficializarse, se puede perfilar en este trayecto la construcción de un corpus teórico y la reconstrucción historiográfica desde una perspectiva de género. Hay que destacar propuestas, como las de Zaida Muxí y Josep Montaner, investigadores sobre la «Vivienda del siglo XXI» (2010) que consolida un criterio abierto y adaptable a diversas modalidades de uso y diversidad de usuarios, que incluye modelos alejados de los estándares espaciales concebidos para la familia tipo, heterosexual y monogámica.

Estos modelos garantizan la flexibilidad de uso, la salubridad, los espacios abiertos y el esparcimiento para cada una de las unidades.

Uno de los documentos de Muxí —entusiasta y activa representante del urbanismo de género— se titula «Recomendaciones para una vivienda no jerárquica ni androcéntrica», en el que establece pautas concretas para efectivizar esta nueva propuesta.

En este camino de cambio, la crítica feminista ha establecido que

> «si el espacio es un constructo que lleva implícito un sentido que, en un contexto patriarcal, establece roles y perpetúa desigualdades, esto significa que culturalmente, este mismo espacio es susceptible de ser alterado y resignificado» (Novas: 2014, 37).

En la disciplina, las arquitectas y diseñadoras feministas recorren el camino hacia esa resignificación, tanto en la profesión como en la docencia, aun cuando en este caso y como veremos luego, se arrastran todavía muchas trabas culturales e institucionales que tienden a impedirlo.

---

que tienen cocina colectiva, la idea disruptiva de su tesis tenía el objetivo de provocar un debate sobre el espacio doméstico y ponerlo en cuestión.

Espacio inclusivo y diverso

Las propuestas de la modernidad aportaron el criterio de segmentación del espacio urbano con el automóvil como protagonista.

Inicialmente las intervenciones de las mujeres se restringieron al diseño de mejoras en el espacio privado sin cuestionarse ese orden simbólico y su relación con el mundo doméstico; más tarde estos parámetros son puestos en cuestión y hoy se plantea la necesidad de reconversión, que es acompañada por la disolución de la rigidez espacial y la demanda de soluciones flexibles donde las tareas del hogar y el trabajo puedan tener simultaneidad y estar funcional y visualmente vinculadas en la vivienda y en la ciudad.

Con esta concepción, el espacio se desjerarquiza y se difuminan los límites, al tiempo que las costumbres cambian, la mujer trabaja afuera y en su hogar y el hombre cuida a los niños, hace tareas en la casa y sale a trabajar o lo hace en su domicilio, celebrando nuevas masculinidades e inaugurando relaciones más equitativas.

Ambos han deconstruido y reconstruido sus roles tradicionales, al tiempo que la familia convencional muta hacia otros conceptos de relación y nuevos modos de convivencia.

No obstante, subsiste una cultura instalada renuente al cambio que no quiere arriesgar el sistema generado por aquel contrato social sustentado en una estructura binaria y heteronormativa que requiere esa repartición de roles para perpetuarse.

Así como el trabajo penetra el espacio doméstico, muchas funciones del éste se trasladan al espacio público. En él que se aboga por una ciudad cuidadora y un rediseño desmarcado de la traslación conceptual y física de la desigualdad. La idea fuertemente impulsada por los colectivos feministas es una ciudad solidaria, inclusiva y diversa, pensada para todas las etapas vitales, desde la infancia a la vejez, libre de discriminación social y espacial, con espacios que no sostengan las diferencias ni las desigualdades de género, clase, religión, raza o edad que, aún hoy, favorecidas por la planificación abstracta y olvidada de la experiencia humana cotidiana, se enfrentan a situaciones que violentan y excluyen.

En el urbanismo actual se piensa una ciudad de proximidad, acortando distancias, aumentando la seguridad, proyectando espacios inclusivos, con servicios comunitarios que permitan combinar el trabajo remunerado con las actividades domésticas; doble imposición históricamente asignada a la mujer, que daña particularmente a las económicamente menos favorecidas. Combinando la ciudad inclusiva con la preservación del medio ambiente, las nuevas tendencias proponen ciudades compactas, descentralizadas, con utilización de tecnologías limpias y todo lo necesario ubicado en una distancia que se pueda recorrer a pie —la ciudad de los quince minutos—.

Se promueve el uso de los medios de locomoción públicos, sistemas no contaminantes, aumento de espacios verdes, recreativos y una vida cada vez más amigable para el peatón y el medio ambiente.

Hay numerosos ejemplos que dan cuenta del cambio.

Existen colectivos de urbanistas feministas y propuestas de intervención en el espacio urbano surgidas de sus investigaciones y del resultado de los «talleres de mujeres» que, luego de analizar críticamente los problemas de la ciudad, plantean soluciones a distinta escala y adecuadas a los recursos disponibles. En Cataluña se ha intervenido sobre los resultados obtenidos en más de 80 talleres durante 6 años sobre «La experiencia de las mujeres en el entorno cotidiano».

Hay que destacar el trabajo en Barcelona del *Col-lectiu Punt 6*, una cooperativa de arquitectas, sociólogas y urbanistas que trabajan desde el 2005 con experiencia local, estatal e internacional, su origen fue tras la aprobación de la Ley de Barrios, una normativa pionera que, en su punto 6, planteaba la equidad de género en el uso del espacio urbano y equipamientos.[7]

En Madrid la Ley de igualdad de 2007 y 2016 demanda a las administraciones públicas considerar la perspectiva de género en el diseño de la ciudad.

En otros lugares del mundo y en nuestro país existen colectivos de mujeres y numerosas propuestas que se orientan en ese sentido.

---

[7] Recientemente han publicado el libro *Urbanismo Feminista*, con prólogo de Zaida Muxí, que en Buenos Aires fue presentado en 2018 conjuntamente con La Ciudad del Deseo, un colectivo de profesionales que a partir de 8M trabajan sobre la dimensión física, política y simbólica, en clave transfeminista.

Estas nuevas miradas se basan en la experiencia situada de las mujeres, tanto en sus vivencias del espacio privado como del espacio público y atendiendo a las distintas necesidades planteadas por cada clase social.

Si bien todavía falta mucho, el diseño de los espacios públicos y privados de acuerdo a la lógica patriarcal va siendo progresivamente reemplazado por propuestas con perspectiva de género que tratan de eliminar las diferencias y reivindicar la equidad con el objetivo de una espacialidad sin discriminación.

La arquitecta Ana Falú,[8] militante feminista, advierte que la desigualdad impacta en la construcción de ciudadanía y que es necesario suturar las heridas urbanas de la desigualdad con políticas públicas. También marca la ausencia de mujeres en la planificación urbana y en las políticas habitacionales, lo cual tiende a perpetuar los mismos problemas que se enuncian.

Plantea la necesidad de salitas maternales, hogares de día para adultos y tercerización de servicios domésticos para facilitar el trabajo, reiterando que las mujeres de las clases más desprotegidas son las que más sufren la falta de soluciones. Ampliando el concepto de territorio dice:

> «estos cuerpos nuestros son nuestro territorio. Son ese territorio del que necesitamos reapropiarnos para poder apropiarnos del territorio ‹casa›, del territorio ‹barrio›, del territorio ‹ciudad›, del territorio ‹metrópolis›. Tenemos que apropiarnos de estos cuerpos puertas adentro, donde todavía la violencia es mayor, y puertas afuera, donde también suceden los femicidios y las violencias como el acoso sexual.» (Falú: 2022)

En síntesis, la perspectiva de género arraiga en una conciencia elevada, individual, social y ambiental, su insumo básico es la experiencia situada de las mujeres. En cada disciplina del diseño elude la diferenciación

---

[8] La Arq. A. M. Falú es una reconocida activista social por los derechos humanos, ha sido Directora Regional del Fondo de desarrollo de las Naciones Unidas para la Mujer (UNIFEM) y personalidad reconocida en la investigación de los temas arquitectónicos y urbanos desde una perspectiva de género. Reportaje recuperado 7-8-20.

binaria tradicional. En la arquitectura trasciende lo doméstico y propone nuevas formas de habitar. En el urbanismo lucha por una ciudad cuidadora, inclusiva y diversa. En la ecología trabaja por una ciudad amigable con el planeta.

Es igualmente necesaria una nueva metodología de análisis, adaptar un método abstracto a uno sensible a las diferencias y a la diversidad, que incluya las miradas aún no consideradas y permita completar y complementar la perspectiva sesgada tradicional, sumando nuevos aportes, sin exclusiones.

Si la profesión y sobre todo la formación no se hace cargo de estas perspectivas seguirá reproduciendo el orden vigente, con todos los problemas señalados, de allí la necesidad que orienta este trabajo de repensar los conceptos para poder repensar el espacio y, sobre todo transformar en las nuevas generaciones la ideología que lo genera, reconociendo que en las mismas hay una mayor conciencia de los problemas enunciados.

Invisibilización de la mujer

En la profesión, la arquitectura registra una larga historia de discriminación de la mujer desde épocas muy remotas, no obstante, y sin retroceder mucho en el tiempo, podemos mencionar a la memorable Bauhaus (1919-1933), supuestamente progresista, aún hoy fuerte referente para las escuelas de arquitectura y diseño, en la cual el lugar femenino fue siempre obstaculizado, subestimado y eclipsado.

El primero y uno de sus más destacado directores Walter Gropius decía:

> «Según nuestra experiencia no es aconsejable que las mujeres trabajen en los talleres de artesanía más duros, como carpintería, etcétera. Por esa razón en la Bauhaus se han formado talleres marcadamente femeninos como el que se ocupa de trabajar con tejidos. También hay muchas inscripciones en encuadernación y

> alfarería. *Nos pronunciamos básicamente en contra de la formación de arquitectas.*»[9] (Hérvas y Heras: 2014, 47)

Muchas estudiantes no se graduaron, no obstante, se destacaron profesionalmente y, aún invisibilizadas, escribieron la historia de la Escuela con un legado que sigue vigente.

Esta discriminación no fue excepcional, se ha replicado y replica en distintos lugares y organizaciones del planeta.

Si revisamos publicaciones, eventos disciplinares, tribunales de evaluación, premiaciones, etcétera, nacionales e internacionales, se confirma que la presencia de la mujer en la disciplina resulta notable e intencionalmente ignorada o, ante los cambios recientes, utilizada para exhibir acciones «políticamente correctas» sin alterar el *status quo* vigente.

La Bauhaus ha tenido fuerte influencia en la Facultad de Arquitectura, Diseño y Urbanismo de la Universidad de Buenos Aires, tanto en el campo de la arquitectura como referente para la creación de las disciplinas de diseño que fueron incorporadas progresivamente.

La estructura académica se replicó y muchos docentes la compartieron. Conjuntamente, con sus muchas virtudes, heredamos de la Bauhaus el pecado original de su androcentrismo, fuertemente transferido a la carrera de Arquitectura, principalmente a los talleres de su materia troncal y un no disimulado paternalismo hacia las carreras de diseño.

Cada disciplina determina los límites y las reglas de su campo.

> «El campo es como un juego, pero que no ha sido inventado por nadie, que ha emergido poco a poco, de manera muy lenta. Ese desarrollo histórico se acompaña de una acumulación de saberes, de saber-hacer, de técnicas, de procedimientos, lo que lo hace relativamente irreversible. Hay una acumulación colectiva de recursos colectivamente poseídos, siendo una de las funciones de la institución escolar en todos los campos y en el campo del arte en particular, dar acceso (desigualmente) a esos recursos.» (Bourdieu: 2003, 38)

---

[9] El resaltado en bastardilla es de la autora.

En esa relación de fuerzas nadie quiere perder el capital académico logrado, ni el político-económico y menos aún deponer la cuota de poder adquirido.

> «El campo es escenario de relaciones de fuerza y de luchas encaminadas a transformarlas y, por consiguiente, el sitio de un cambio permanente.» (Bourdieu: 1995, 69)

La estructura patriarcal da batalla en ese escenario, persistiendo en su dominio, al hacerlo posterga o anula el posicionamiento de las mujeres en el campo con métodos generalmente velados... y a veces no tanto y cercena sus posibles aportes, como veremos enseguida.

> «Los que participan en la lucha contribuyen a reproducir el juego, al contribuir, de manera más o menos completa según los campos, a producir la creencia en el valor de lo que está en juego» (Bourdieu: 1976)[10]

El falso neutro, que obtura el conocimiento de la realidad, genera la distorsión de enseñar tal como aprendimos y reproducir los errores heredados, al mantener institucionalmente y con pocos cambios la mirada androcéntrica de la profesión y de su enseñanza.

Urge completar inclusivamente la mirada y revertir las consecuencias nefastas enquistadas.

Podemos comenzar con «revelar la pluralidad de posibilidades de representar el mundo y en mostrar cómo cada representación, narrativa o discurso lo constituye» y comprender que «ningún trabajo teórico es ajeno a la experiencia de quien lo ha escrito»[11] (Hidalgo: 2022).

Cada situación está biográficamente determinada hay «un punto de vista» de la mujer desde el que se producen las interpretaciones del mundo natural y social y hay que recuperarlo (Bach: 2010, 7).

---

[10] «Algunas propiedades de los campos». Conferencia dirigida a un grupo de filólogos e historiadores de la literatura, en la Ecole Normale Supérieure, noviembre de 1976.

[11] Notas del seminario «Explicar, interpretar, criticar el mundo social. Epistemología de las ciencias sociales», FLACSO, Argentina, 2022.

La experiencia de las mujeres hasta hoy, institucionalmente subestimada, no encuentra las estrategias para recuperar la voz e impulsar los cambios, es un silencio que produce mucho ruido, pero tan naturalizado que las acciones para revertirlo son todavía tibias aún por parte de quienes las sufren y el espíritu de época que obliga a las instituciones a realizar algunos cambios no supera el maquillaje conocido como *pinkwashing*.

En el ámbito de la formación puede afirmarse que se ha dejado afuera de la construcción del conocimiento a la mitad de la historia de la arquitectura, al tiempo que, perseverando en esa postergación, se obstruyen las posibilidades futuras de recibir sus aportes. Algunos datos servirán de ejemplo.

Ser mujer y arquitecta UBA

Durante los flamantes 200 años de la Universidad de Buenos Aires (UBA) han estado al frente 82 rectores y ninguna rectora y en los 75 de la FAU/FADU[12] hubo 32 decanos y una sola decana (que no logró terminar su mandato). Puede parecer curioso pero si se les pide a los estudiantes de arquitectura que nombren referentes de la disciplina, llegan a listar un buen número de hombres y excepcionalmente alguna mujer, desconociendo sus relevantes producciones.

Actualmente hay alrededor de 30 cátedras de la materia Arquitectura y todas conducidas por varones. Sobre 66 cargos regulares de Profesores/as, Titulares, Asociados/as y Adjuntos/as 64 son varones y solo 2 son mujeres, según la página oficial de la FADU.

Las numerosas mujeres que revistan en la docencia ocupan cargos menores y pocas veces acceden a puestos jerárquicos regulares, al reunir menos antecedentes debido a las limitaciones en alcanzar puestos relevantes, el desaliento generado por la estructura androcéntrica, la composición varonil de la conducción de las cátedras y de los

---

[12] Inicialmente FAU —Facultad de Arquitectura y Urbanismo— y luego, con la incorporación de las carreras de diseño, FADU —Facultad de Arquitectura, Diseño y Urbanismo—.

jurados de concursos, sumado a otros motivos que no viene al caso detallar, inclinan la balanza de la desigualdad.

La tendencia cambia cuando se revisan proyectos de investigación y tesis de Maestrías y Doctorados, donde la presencia femenina es elevada y demuestra que cuando sobre el mérito no influyen factores institucionales desequilibrantes los números pueden revertirse y hasta invertirse.

Abundan ejemplos sobre la desigualdad y también sobre las numerosas profesionales y grupos involucrados en esfuerzos para contrarrestarla.

Algunos de los problemas van encontrando solución con reglamentaciones que favorecen la equidad, si bien en la mayoría de los casos sólo se guardan las apariencias y varían únicamente ante situaciones muy visibles.

Los cambios reales y el protagonismo de la mujer a nivel institucional están pendientes, si bien el tema se va instalando lo cual denota ciertos avances. Hay que destacar que en las carreras de diseño las situaciones revelan mayor equilibrio que el comentado para arquitectura, fuertemente marcada por el profesionalismo[13] y el androcentrismo tradicional, de difícil remoción.

En síntesis, los antecedentes mencionados muestran una situación históricamente desequilibrada que ha postergado la participación de la mujer en la profesión y en la docencia y ha privado de sus contribuciones a las producciones y del aporte de su pensamiento al debate disciplinar.

Las epistemologías feministas han llegado para iluminar las zonas oscuras de las perspectivas tradicionales y aportar a la epistemología proyectual una mirada crítica, integradora de las diversidades, situada, con un criterio de equidad en el diseño del espacio y los objetos del hábitat y en un esfuerzo constante por sacar a la luz los aportes de las mujeres invisibilizadas.

---

[13] Las mujeres en la profesión también encuentran un techo de cristal, con menos posibilidades de ascender y sueldos inferiores y si bien las hay muy exitosas no puede negarse la desigualdad existente.

Integrar la mirada de las mujeres a la enseñanza y al ejercicio profesional no es sólo una reivindicación histórica, es el aporte de sus experiencias y puntos de vista imprescindibles, aporte de una conciencia superadora para enfocar la realidad, cuya construcción demanda que nos hagamos cargo de las miopías y que demos vuelta la forma en que hemos aprendido.

Tanto el campo profesional como el académico deben dejar de mirar para otro lado, de cambiar solo lo aparente para que nada cambie y recuperar los aportes de las mujeres en la arquitectura, el diseño y el urbanismo e integrarlas en igualdad de condiciones al campo profesional y académico.

JAQUE AL PENSAMIENTO HEGEMÓNICO

En un contexto de complejidad creciente y donde los límites disciplinares resultan cada vez más permeables se tejen redes de relaciones interdisciplinares, muchas de las cuales se orientan en la búsqueda de caminos alternativos a la sostenida imposición epistémica europea y surgen nuevas teorías de conocimiento que habilitan otras miradas e interrelaciones.

En este libro se plantea la posibilidad de enriquecer con estas alternativas el pensamiento tradicional del diseño, abriéndonos a un conocimiento capaz de integrar las diversidades postergadas.

Para encarar parte de la problemática epistemológica, contextualizar los conceptos precedentes y los aún por desarrollar, con eje en la proyectualidad, es necesario retrotraer la explicación hacia temas nodales que los fundamentan y sin los cuales no podría comprenderse la necesidad ni la orientación del cambio.

Hoy el arte se cuestiona el concepto de belleza construido en base a patrones eurocéntricos, desconociendo otras miradas, otras culturas, otros lugares, mientras que la ciencia es interpelada como forma de conocimiento y se orienta a la pluralidad epistémica y a la revisión de sus métodos.

Rita Segato (2015), desde su disciplina, propone lo que llama una antropología litigante, entendida como una «ciencia del otro», una ciencia situada, una *antropología por demanda*, que esté en el lugar donde se necesita y donde sus investigaciones contribuyan al desarrollo de la sensibilidad ética. La autora habla de una «ética insatisfecha» y aboga por «una ética del otro» no solo orientada a conocerlo sino también a conocernos a nosotros mismos a través de ella (ibídem).

Estas tres dimensiones puestas en entredicho —arte, ciencia y ética— plantean la necesidad de redefiniciones en nuestra tradicional y arraigada filosofía, vinculada al poder hegemónico, lo cual valoriza el aporte de epistemologías disidentes, como la ya vista en relación al género y la que veremos seguidamente vinculada a la pos colonialidad.

Encarar cada disciplina en su complejidad implica trascender el marco propio para analizar otras miradas que lo interpelen.

También la arquitectura y el diseño tienen una «ética insatisfecha» que requiere mirar al semejante y situarse en su lugar para poder estar a su servicio.

Colonialidad del proyecto

Un querido profesor con el cual compartí la docencia durante muchos años en los talleres de la FAU y de la FADU, Alberto H. Stagnaro, un genuino humanista, decía que *el diseño es el ser que se hace forma y espacio, para recibir a otro ser en un auténtico acto de amor.*

Entristece pensar lo lejos que estamos de ese concepto y a la vez da esperanzas el despertar de los nuevos profesionales a una ética que intenta orientarse por ese camino de cambio.

Hoy el perfil de las grandes ciudades suele destacarse por su espectacular arquitectura que exhibe una muestra de vanidades sustentada por el poder económico: edificios cada vez más grandes, más altos, más sorprendentes, más tecnológicos, más caros y más ostentosos del capital que los genera. Estas parecen ser las discutibles cualidades que hoy construyen el sentido de los objetos de arquitectura y de diseño que dan forma al hábitat.

Una saturación de imágenes inunda los distintos rincones del planeta y, en muchos casos, son totalmente ajenas al espíritu del lugar y contribuyen a distorsionar o a diluir la identidad de los contextos que deberían representar. Junto a la presencia del falso neutro denunciado por el feminismo, se agrega la falsa universalidad (instalada por el Movimiento Moderno con su Estilo Internacional) cada vez más acentuada y difundida por la globalización. Durante la formación, la fascinación de las imágenes sorprende, seduce y tiende a instalarse como referente, rápidamente transculturalizado y descontextualizado, lo que puede verse en nuestros talleres abundando en formas vaciadas de contenido.

Su contracara es la extrañeza que suscitan los proyectos de algún estudiante de otra cultura, que transfiere al diseño representaciones que escapan a las preconcebidas y legitimadas por el campo, en tanto se ignoran otros imaginarios y se desconocen arquitecturas locales, con materiales y tecnologías del lugar, con carga cultural propia, arraigo en el paisaje y transmisión de sentidos genuinos, subestimadas a pesar de ofrecer un valioso lugar para nutrir la mirada y los debates disciplinares. Arquitecturas que, aunque en ciertos contextos pueden resultar ajenas, ameritan una reflexión madura sobre su oportunidad pero nunca merecen ser menospreciadas.

El feminismo permitió abrirnos al conocimiento de otras subjetividades.

En la misma dirección y con muchos puntos de contacto, cabe mencionar a las epistemologías poscoloniales que pueden nutrir, en su disidencia, nuevas y ricas reflexiones y alumbrar otras producciones.

Uno de los puntos de contacto de ambas es la valoración de la experiencia y el conocimiento situado.

Donna Haraway se refiere a la doctrina de la objetividad encarnada, se manifiesta

> «en favor de políticas y epistemologías de la localización, del posicionamiento y de la situación, en las que la parcialidad y no la universalidad es la condición para que sean oídas las pretensiones de lograr un conocimiento racional. Se trata de pretensiones sobre las vidas de la gente, de la visión desde un cuerpo, siempre un cuerpo complejo, contradictorio, estructurante y estructurado, contra la visión desde arriba, desde ninguna parte, desde la simpleza.» (Haraway: 1995, 335)

También la enseñanza debería renunciar a una visión abstracta, desde ningún lugar, posicionarse e introducir en el debate de la didáctica los pensamientos y conocimiento ausentes y las culturas ignoradas.

Eso no significa erradicar arquitecturas que ya hemos integrado a nuestro imaginario y forman parte del inconsciente colectivo y de nuestro acervo, pero tampoco trasponer imágenes que nos son ajenas, sin considerar el contexto. Es posible dar cabida a otras formas de percepción, de expresión, de conocimiento, de representación, de saberes ancestrales, probablemente no compatibles con nuestros propios saberes y sentires pero capaces de nutrirlos y ofrecer un valioso intercambio.

Comprender otras realidades y dar lugar a otros discursos permite intervenir disciplinariamente junto a diversas comunidades sin violentar sus costumbres; como ya ha hecho la arquitectura, por ignorancia o pensamiento único.

Las epistemologías del sur, dice de Souza Santos (2017) nos abren a la comprensión de la existencia de otros tipos de conocimiento, procesos de producción y la recuperación de la dignidad avasallada por el colonialismo. Permiten descubrir otras experiencias, respetar otros sentires y pensares, salir de la ceguera hacia una nueva visión; de una epistemología de las ausencias a la inclusión de realidades suprimidas o veladas. Salir, en síntesis, de la pereza de la rutina que nos obliga a la repetición y pasar de la monocultura a la ecología transescalar.

Por su parte, la socióloga boliviana-aimara Silvia Rivera Cusicanqui, (2018) que se autodefine como «sochóloga» (socióloga+chola) amplía, al introducir la mirada mestiza, diciendo que son los mestizos los más afectados por la colonización, a la vez que sostiene que hasta el colonizador debería descolonizarse por estar en una relación de poder ilegítima y violenta.

Señala el gran valor epistémico y teórico de la oralidad en lo que dice y encubre, a la vez que presenta lo que llama epistemología *ch'ixi*, para superar el historicismo y binarismo de las ciencia social hegemónica.

El *ch'ixi* dice, es aquello en que los opuestos conviven sin mezclarse, son los manchados, los portadores de las contradicciones, un conocimiento capaz de nutrirse de las aporías de la historia, en lugar de negarlas.

La autora convoca a habitar la contradicción y las complejidades, a vivirlas desde un punto de vista epistemológico.

Conceptos como colonialidad del poder, epistemologías del sur, antropología por demanda, cultura *ch'ixi*, etcétera. nos dan un punto de partida para reconocer y recuperar saberes cancelados durante cinco siglos.

Reiterando, no se trata de cambiar el signo de la exclusión al permutar lo tradicionalmente conocido por otros enfoques sino de abogar por una profunda comprensión de otras culturas, otros modos de ver el mundo, recuperar otros saberes, habilitar miradas que pluralizan e integran las voces faltantes y las arquitecturas y los diseños silenciados, tendiendo a construir una nueva ética profesional y docente al reconocer genuinamente cada demanda y responder en armonía con su procedencia.

Hay experiencias concretas (algunas las veremos más adelante) que han propuesto modos superadores de hacer arquitectura y urbanismo en comunidades postergadas, más allá del pensamiento dominante, lo cual no excluye las formas que ya son parte de nuestro imaginario, de nuestra cultura, sino que se propone instaurar un pensamiento crítico que permita «habitar la contradicción» y, en cada caso, comprender y responder a las solicitaciones genuinas del lugar, con su propio imaginario y de acuerdo a sus costumbres.

Epistemologías poscoloniales

Las epistemologías del sur son un conjunto de conocimientos que aluden al antiimperialismo y hacen referencia a un sur metafórico, no geográfico. Vale iniciar con una aclaración de dos términos que enseguida estarán en juego, colonialismo y colonialidad,

> «el colonialismo es un proceso que se relaciona con la ocupación militar y el control territorial, económico, jurídico y político de los pueblos colonizados por parte de una fuerza imperial extranjera; la colonialidad, en cambio, hace referencia a la *lógica cultural de dominación colonial* y a los *dispositivos de herencia colonial* que continúan operando en nuestros días, pese a que el colonialismo,

en lo fundamental, ha finalizado.» (Mujica Garcia y Fabelo Corzo: 2019, 2)

En las últimas dos décadas surgen perspectivas epistemológicas disidentes que recogen los conceptos del denominado pensamiento pos-colonial.

Una nueva perspectiva que puede atravesar la epistemología proyectual y plantearle nuevos conocimientos y desafíos.

Para su mejor comprensión vamos a desarrollar cuatro enfoques relevantes, la colonialidad del poder, del saber, del ser y del género, todas dialécticamente vinculadas conformando una unidad y sin negar la existencia otras dimensiones de análisis.

Hay saberes, científicos o no, que reclaman su legitimidad y representan a sociedades oprimidas y discriminadas a causa del colonialismo, recogen experiencias perdidas de los grupos cancelados, a los que se les ha negado el estatuto de conocimiento y demandan su inclusión.

Colonialidad del poder

Aníbal Quijano desarrolla la perspectiva crítica de la colonialidad del poder. Sostiene que América fue el acto constitutivo del moderno sistema mundial y la precondición para la existencia de la economía del mundo capitalista, extendido a un poder globalmente hegemónico.

El trabajo no asalariado se asoció inicialmente a las razas dominadas, consideradas inferiores, estableciendo un nuevo orden de dominación a partir de la etnia, permitiendo a los blancos europeos el control del trabajo, de los medios de producción y del capital.

Este proceso no se refiere sólo a América Latina sino al conjunto del poder globalmente hegemónico, origen del eurocentrismo y de nuevos binarismos. Señala que la precondición del moderno sistema-mundo es la colonialidad. Hoy las metas orientadas al «buen vivir» proponen, a partir de categorías andinas, colocar en el centro las relaciones humanas y el vínculo con la naturaleza; divergentes de pautas de costo-beneficio, productividad, competitividad, acumulación, etcétera, propias del proyecto del capital.

Las mismas se orientan a formas productivas basadas en la solidaridad y la reciprocidad, reinventándose a partir de nuevas formas de economía (Segato: 2015, 41).[14]

Colonialidad del saber

Con ese título se edita en 2005 una compilación de FLACSO que señala como fuente el congreso de sociología realizado unos años antes, sobre la necesidad de apertura de las ciencias sociales.

El texto principal es del teórico peruano Aníbal Quijano, arriba mencionado, quien sostiene que la globalización es la culminación de un largo proceso que se inicia con la conquista de América,[15] momento en que comienza un nuevo patrón, la categoría de la raza, que transforma una diferencia fenotípica[16] en una diferencia biológica y convierte a la identidad en patrón de dominación, donde la raza europea se erige como superior lo que naturaliza la dominación y la perspectiva eurocéntrica del conocimiento.

La conquista, combinada con la categoría de raza y la creciente hegemonía del capitalismo, van a generar una división racial del trabajo en la cual quienes se autoperciben como superiores se colocan en una posición ventajosa respecto de los que consideran inferiores. En ese contexto surgen trabajos no pagos o mal pagos, pobladores originarios sometidos a la servidumbre y otros, como los negros de África, esclavizados.

---

[14] El concepto del vivir bien o buen vivir: en Bolivia *suma qamaña* (aimara), en Ecuador *sumak kawsay* (quechua) se remonta 5.000 años, en que los pueblos indígenas lo señalan como modo de vida. Esto tomó más difusión a partir de los incendios en la Amazonia, motivado por un modelo de desarrollo que avanza en detrimento de la naturaleza. En Ecuador se ha incorporado a la legislación. No obstante, hay que señalar que la apropiación del concepto también remite a estrategias discursivas para legitimar proyectos políticos actuales más que a un compromiso real en la dirección deseada. Esta filosofía, sensiblemente humanista, orientada al bienestar y la dignidad de la vida humana, suele ser motivo de especulación y ser utilizada totalitariamente con un sentido opuesto a su noble origen.

[15] Sería la primera vez, como señala Aldo Ferrer, en la cual todos los continentes del mundo estarían unidos.

[16] El fenotipo es el conjunto de caracteres observables de un individuo debidos a la interacción entre su genotipo y el medio, siendo el genotipo el conjunto de los genes e información genética que lo conformar.

Como consecuencia, se va construyendo, una nueva intersubjetividad, de superioridad en el colonizador, de inferioridad en el colonizado, donde se reprime la cultura de éstos y se la sustituye por la cultura dominante, en un proceso de invención del otro.

Quijano sostiene que se trata de la colonización de un horizonte cognitivo. Otra consecuencia, según la presentación del libro de Edgardo Lander (2000) se trata de la aparición de un nuevo binarismo donde cultura y naturaleza se distancian, lo cual funda una nueva ontología. Al separarse del nosotros como algo diferente la naturaleza puede ser utilizada; poco después el alma se seculariza, se transforma en razón, y ésta se puede apropiar del mundo.

Los pueblos originarios siempre sostuvieron que lo humano forma parte de la naturaleza y debe vivir en armonía con ella, conceptos que han tomado nueva fuerza con los crecientes daños al ecosistema, dando impulso a nuevas teorías orientadas al ya mencionado buen vivir.

A partir de la organización eurocéntrica de la producción y de la subjetividad, presentada como neutral y externa al mundo, los saberes pasan a regirse con esa relación de fuerzas.

La colonialidad del saber se basa en el prestigio del saber eurocéntrico y la jerarquización de sujeto que observa. Estas nuevas epistemologías nos dan un punto de partida para otras lecturas y el reconocimiento de saberes cancelados durante siglos (Segato: 2015, 50).

Colonialidad del ser

El término fue acuñado para explorar esta forma de colonialidad donde el sujeto colonizado es despojado de su cultura, sus bienes y su posibilidad de ofrecer sus dones. Supera las formas de colonialidad del saber y del poder. En el proceso de colonización muchas poblaciones fueron intervenidas en su memoria histórica, saberes, lenguas, escrituras, cosmologías, creencias, valores, pautas estéticas, patrones de relación social; reduciendo la variedad y complejidad de sus autopercepciones en un proceso de alienación.

El eurocentrismo es una forma de racismo que atribuye valor desigual a las personas, trabajo, producto, saberes, normas, etcétera, alterando las subjetividades de los afectados, inventando la «raza» y sus diferencias para ejercer control.

El racismo es epistémico, al discriminar saberes y producciones e intentar cancelarlos o reemplazarlos (Segato: 2015, 50).

La colonialidad del ser enuncia la deshumanización o sub-humanización e invisibilización cultural de la vida humana colonizada, en referencia a los padecimientos de muchos habitantes del sur-global, lógica de dominación que subyace en las prácticas sociales contemporáneas, parte constitutiva y oculta de la modernidad, dominando poblaciones y apoderándose de los recursos (Mujica y Fabelo: 2019, 1).

Disponer del otro era vital para el colonizador, la colonialidad del ser marca una vida de explotación violencia y exclusión, que en el caso de los amerindios llegó a cuestionar su condición humana.[17]

Colonialidad del género

Ampliando el tema de género del capítulo anterior en su relación con la colonialidad y siguiendo con el texto de Rita Segato (2015), ante la discusión sobre un patriarcado precolonial, su teoría sostiene la existencia de un patriarcado pero de *baja intensidad* en oposición al patriarcado colonial moderno, de *alta intensidad* en términos de misoginia y letalidad (ibídem, 21).

Es importante notar que cada uno de los temas que venimos desarrollando tienen entre si una fuerte interrelación.

Llevando más lejos las ideas de Quijano, Segato entiende que «el género, cómo distribución de posiciones desiguales en el orden patriarcal, también resulta de la biologización de la jerarquía», lo cual se naturalizada, a la par que se invisibiliza la historia que lo produce (ibídem, 23).

La autora, en relación a Quijano que aplica al género la misma lógica histórica que a la raza, dice que «las relaciones de género propias del patrón colonial capturan las formas del patriarcado precedentes que, aunque existentes y jerárquicas, no obedecían a la misma estructura, y las transforman en una forma mucho más letal de patriarcado, como es el moderno» (ibídem, 54).

---

[17] Al respecto se recomienda leer sobre La controversia de Valladolid, juicio donde se discutió la condición humana de los pueblos originarios de América, con posiciones a favor y en contra.

Giro descolonial

Con el enunciado de la categoría Colonialidad del Poder, se inicia la subversión epistémica, teórica, ética, estética y política conocida como «Giro Descolonial» en marcha «reubicando la posición del sujeto en un nuevo plano histórico, emergente de una relectura del pasado que reconfigura el presente y tiene como proyecto una producción democrática de una sociedad democrática» (Segato: 2015, 57).

Finalmente, este pensamiento se expande en el mundo académico y en la sociedad, instalando una cuestión que erosiona valores eurocéntricos arraigados y proponiendo una nueva perspectiva.

Como agrega de Sousa Santos, no hay que quitar a los pueblos la capacidad de generar su conocimiento y sus propias subjetividades, en tanto no hay justicia social sin justicia cognitiva.

La experiencia cognitiva del mundo es extremadamente diversa y debemos comprender que su comprensión va más allá de la comprensión occidental del mundo. Albergar otras experiencias sin duda enriquece la propia, al proponer otra clave de lectura de la realidad.

En síntesis: la idea de este giro epistemológico es estar en condiciones de dar a cada cual lo que corresponde al pensar y sentir de su cultura.

Hay arquitecturas modernas ya asimiladas a aquellos contextos de los que forman parte, incorporadas al inconsciente colectivo, en tanto hay otros contextos que requieren volver la mirada a tradiciones ancestrales, comprenderlas y responder a ellas sin desvirtuarlas.

No se trata del cambio por el cambio mismo sino de tener disponibles, comprensivamente, imaginarios que nos permitan actuar con empatía frente a las solicitaciones de cada situación local y cada problema particular.

Una creciente escasez de viviendas y el deterioro de las condiciones de vida, agravada en muchas comunidades, nos permite reflexionar acerca de que las poblaciones a las que deberían estar dirigidos nuestros servicios de arquitectos, diseñadores y urbanistas, son las más desprotegidas, olvidadas, desconocidas, se encuentran localizadas en distintos lugares del mundo y pertenecen a culturas que debemos conocer y reconocer si pretendemos realizar un servicio disciplinar genuino.

Contar con un pensamiento divergente, crítico, liberador, impacta en nuestros productos al partir de una mejor escucha, una perspectiva que indaga en la otredad y una interpretación empática que nos permite actuar en consecuencia. De este modo, los profesionales podrían plantear soluciones adecuadas a las demandas reales, para lo cual es necesario producir el giro epistemológico capaz de operar con una subjetividad sin fracturas.

El desconocimiento disciplinar de las formas representativas de las culturas y arquitecturas del interior profundo, de culturas latinoamericanas, asiáticas o africanas y toda cultura postergada, al invisibilizar conocimientos y perspectivas, los ha marginado de lo abordable y pensable, alejando o distorsionando su conocimiento en quienes podríamos aportar soluciones.

PENSAMIENTO, LENGUAJE E IDENTIDAD

Para dar contexto al presente título es conveniente retomar algunos conceptos mencionados en los dos capítulos anteriores para luego analizar la relevancia en relación con esta propuesta.

- Maffía nos decía que «el lenguaje y las metáforas utilizadas no sólo expresan, sino que influyen en la representación cognitiva...»
- Cusicanqui señalaba el gran valor epistémico y teórico de la oralidad en lo que dice y lo que encubre, advirtiendo sobre la sustitución de la cultura original efectuada por la cultura dominante en un proceso de invención del otro, proceso que actuó sobre la lengua como modo de dominación y sustitución.
- Najmanovich hablaba de las formas diferentes de enseñar y aprender según la concepción del conocimiento, las tecnologías de la palabra y los medios de comunicación que utilicemos.

La primera cita remite a factores del lenguaje, que fueron enfáticamente señalados por las epistemologías feministas (que complementaremos), remite al lenguaje patriarcal, pretendidamente neutro que, sin serlo, opera en la construcción ideológica de la realidad con consecuencias veladas.

La segunda es un señalamiento desde las epistemologías del sur, acerca del valor de la palabra y la violencia ejercida a través de ella en el proceso de colonización, cancelando identidades y costumbres de los pueblos originarios para desarraigarlos imponiéndoles otras ajenas a su cultura.

La tercera referencia remite a la capacidad formativa del lenguaje operando sobre el pensamiento durante el proceso de enseñanza-aprendizaje, fuente de generación y gestión de ideas durante la formación, con proyección profesional Estos enunciados, apenas insinuados, merecen el análisis y para comprender su relevancia hay que profundizar en su punto nodal que es el lenguaje, que no sólo expresa sino que construye realidades, que es inseparable del pensamiento, fuente de conocimiento y esencial si hablamos de epistemología.

Lo dicho y lo no dicho

El lenguaje es constitutivo de lo humano y formador de la conciencia; construye nuestro pensamiento e interioridad, es nuestro vínculo con los otros, nos estructura social y culturalmente y se refleja en tradiciones, historias, valores y en todo aquello que deja testimonio de nuestra existencia.

Eso, que nos hace únicos, nos permite construir junto con nuestros semejantes el sentido de identidad y pertenencia en nuestro espacio-tiempo-cultura, variables dialécticamente vinculadas que nos hablan del cuándo, cómo y dónde de nuestra existencia, anclada a la palabra natal.

Todo lo que somos se construye en la primera lengua y si se quiere alterar el valioso entramado que constituye nuestro ser a partir de ella, afectarla o destruirla, es una de las armas más efectivas, por lo que fue siempre una potente herramienta de conquista y subordinación a lo largo de la historia. Esa primera lengua que encarna nuestra identidad lo hace con todas las variantes que nos diferencian, la tonada que indica el origen, los modismos locales propios, las diversas formas de nombrar las mismas cosas, la cadencia... son los sellos que dicen de dónde y cómo somos e imprimen una marca propia que, en su sentido más profundo, carece de traducción.

El objetivo de este análisis es comprender la violencia simbólica ejercida sobre el lenguaje, desde el patriarcado, desde la colonialidad, desde las solapadas intenciones hegemónicas que acechan la cotidianeidad y contextualizar su importancia en el proceso de formación en general y de formación disciplinar en particular, pocas veces relevado en su importancia y consecuencias, por ser asumido con una naturalidad que está lejos de tener.

Desde la filosofía, Wittgenstein decía que la lógica del lenguaje —en su normativa— establecía el lugar de lo que puede decirse con sentido, ordena el mundo de nuestra experiencia y construye el pensamiento.

Afirmaba que, en tanto el acceso a los hechos está mediado por el lenguaje: «los límites de mi lenguaje significan los límites de mi mundo»[18] y aclaraba que su poder nos enfrenta también con sus propios límites en tanto, al ser representación, es autorreferencial.

Siendo las fronteras de pensamiento, lenguaje y mundo coincidentes, cualquier alteración en una de ellas conmueve las bases del sistema que conforman.

En su libro *Pensamiento y Lenguaje*, Lev Vygotsky decía:

> «Las palabras tienen un papel destacado tanto en el desarrollo del pensamiento como en el desarrollo histórico de la conciencia en su totalidad. Una palabra es un microcosmos de conciencia humana.» (1995, 114)

Las palabras que usamos, las que nos constituyen, las que utilizamos para construir el mundo junto a nuestros semejantes no son indiferentes al sentido que transmitimos, distintas palabras construyen distintos sentidos y, en ese punto, no existen los sinónimos como distintos términos de igual significado. Nada hay de «natural» en esa aparente naturalidad del lenguaje, analizando nuestros decires deberíamos preguntarnos cada vez: ¿es eso realmente lo que quiero comunicar, lo que expresa mi pensar y mi sentir o sin quererlo me traiciono diciendo otra cosa sólo por la imposición de la costumbre?

Si pasamos al plano de la didáctica, hacernos esta pregunta no es una elección sino una responsabilidad, en tanto son las palabras las

---

[18] «Decir y mostrar – Ludwig Wittgenstein», Seminario de posgrado dictado por la profesora Silvia Rivera, organizado por SEMA, FADU-UBA, 1997. La cita corresponde al *Tractatus lógico-philosophicus* (1979), editado en Madrid, Alianza, p. 5-6.

que cincelan pensamientos, construyen conocimientos y modelan ideologías.

En sucesivos apartados iremos analizando distintos aspectos del lenguaje en los contextos vinculados al eje de este texto.

Decir - mostrar

Nuestro acceso al diseño está mediado tanto por la palabra como por el lenguaje gráfico. Una y otro, en la naturalización de su uso, habilitan, obstruyen o impiden y esto sucede sin advertirlo a menos que lo transformemos conscientemente en objeto de análisis crítico para comprenderlo y enmendarlo. Así como no nos podemos comunicar desconociendo la lengua, no podemos proyectar sin conocer la construcción y el sentido de los lenguajes gráficos.

La representación, un diálogo interno del diseñador consigo mismo y luego con terceros, habla también de su autor y lo manifiesta en su subjetividad.

Al elegir qué decir y cómo decirlo, se expresan intenciones, pensamientos y sentimientos con una impronta personal y única, sea o no consciente.

El lenguaje gráfico encierra significado y participa en la construcción de sentido de los futuros objetos.

> «Si bien el dibujo es instrumento para el proyectar no debe pensarse que es instrumento sumiso y neutro, plegado a las exigencias del proyecto, sino que en buena medida lo condiciona y caracteriza, así como el propio proyecto incide sobre el habitar, lo prefigura y configura.» Doberti (2008, 86)

Las reglas de construcción de cada sistema gráfico[19] establecen las relaciones entre el sujeto, el objeto y el espacio, determinan el tipo de

[19] Las reglas de los sistemas no corresponde tratarlas aquí, no obstante, las referencias generales que se hacen pueden ser comprendidas por quienes comparten el uso de los códigos gráficos.

exploración y comunicación que realizamos, al aludir a visualizaciones distintas y distintivas.

- En los sistemas en los cuales, por construcción, el sujeto está ubicado gráficamente en el infinito y excluido del espacio representado, como sucede con el sistema Monge, las proyecciones resultantes no remiten a la visión humana ni las cualidades perceptivas del objeto y, si bien ofrecen una herramienta eficaz de estructuración cuantitativa y geométrica de la forma, la consecuencia es la ruptura visual de su unidad y de la apariencia perceptual de los objetos representados. Los mismos solo son comprensibles mediante una recomposición intelectual que requiere conocer los códigos implícitos. Posicionar al observador en un espacio abstracto deshumaniza la representación, al ocultar vivencias y sensaciones espaciales y si bien son necesarios para analizar todo lo que requiere ser mensurado con exactitud, demandan su complementariedad con otros modos de exploración gráfica.
- Por otra parte, los sistemas que, por construcción, incluyen gráficamente al observador, como es el caso de la perspectiva cónica, permiten reconocer puntos de vista situados, percepciones, sensaciones y hasta emociones, si se sensibiliza la gráfica y gana realismo con las técnicas expresivas; humaniza la exploración del proyecto y es capaz de despertar empatía con el usuario. Este sistema no arroja referencias mensurables exactas y su información requiere ser complementada con otros modelos de representación.
- A medio camino entre ambos se sitúan las proyecciones cilíndricas, por ejemplo, las axonometrías, que representan una volumetría visualmente comprensible para el lego, aunque distorsionada en relación con la percepción (en tanto los lados paralelos en el espacio permanecen gráficamente paralelos, sin fugas). Como ventaja arroja datos mensurables, indicando la escala de distorsión.
- Los sistemas digitales espaciales de apariencia realista permiten recorrer virtualmente el espacio e incluir el movimiento. Su visualización remite a las sensaciones del usuario y pueden ser portadores de fuerte verosimilitud.

Cada sistema es oportuno según la etapa del proceso proyectual por la cual se transite pero, priorizar un tipo de representación por sobre otra y condicionar el diseño a la información provista por sus reglas, tiene consecuencias negativas sobre el producto y sus prestaciones.

Lo que cada modelo de representación comunica es funcional a distintos momentos, de allí que la simultaneidad de su uso complete la información necesaria, en sus aspectos racionales y sensibles, a lo largo del proceso. Palabra y gráfica están sujetan a la intencionalidad y honestidad del diseñador, pueden encubrir o descubrir, mostrar u ocultar...la opción sobre lo que se elige ver y comunicar en la representación es ética.

Revelar - ocultar

El lenguaje, oral y escrito, interviene fuertemente en el proceso y en su enseñanza y es mediador en el diálogo entre todos los involucrados, recibiendo y ofreciendo información o discutiendo ideas.

Es la herramienta del usuario para comunicar sus necesidades, fantasías y expectativas y del profesional para comunicar sus intenciones, resultados, debatir el proyecto o dialogar con los gremios.

Durante la formación, es la estrategia didáctica más sólida de interrelación entre docentes y alumnos. Nicholas Burbules en *El diálogo en la enseñanza* (1999) habla del «juego dialógico», y dice que, lejos de ser una conversación informal, tiene reglas de participación, compromiso y reciprocidad entre las partes y es mediador en el intercambio.

Los puntos de vista presentes en el diálogo y sus formas, que transparentan ideología, forman progresivamente la conciencia del diseñador.

Conocer las amenazas implícitas en la palabra sabiendo las cosmovisiones que transmite y construye es esclarecedor y puede ser un potente motor de cambio. Usualmente no nos detenemos a pensar en sus implicancias y trasladamos los efectos del lenguaje sin someterlo al análisis crítico que no puede faltar en el ámbito académico. En sus usos es posible que discriminemos, subestimemos, ofendamos, utilicemos un lenguaje que, en su supuesta neutralidad, trasluce ideología de género, binarismo, machismo, clasismo, racismo, etcétera.

Para comprender la necesidad de someter a análisis nuestro lenguaje cotidiano y disciplinar, avanzaremos en algunos conceptos esclarecedores.

La palabra amenazada

Ivonne Bordelois, en su lúcido libro *La palabra amenazada* (2005), advierte sobre los peligros que acechan al lenguaje.

La cotidianeidad de la palabra, naturalmente integrada a nuestra vida, no sugiere ninguna aviesa intención escondida en los pliegues del lenguaje, pero poco hay de natural en esta aparente inocencia.

La autora denuncia «las razones por las cuales el presente sistema intenta aniquilar la conciencia lingüística en un tiempo diseñado para la esclavitud laboral, informática y consumista (...) propone el redescubrimiento de la energía de la palabra, clave de conocimiento, placer y conciencia crítica», relacionándola también con la pulsión de vida (2005, 9) al vincular el lenguaje con el placer.

«El lenguaje está antes y después de nosotros, pero también está, felizmente, entre nosotros» (ibídem, 25), las lenguas emplean, contienen y transmiten la experiencia de los pueblos... si no las violentamos y si sabemos escucharlas. Advierte sobre la eficacia de la cultura global del capitalismo destinada a demoler nuestra conciencia del lenguaje, que se evidencia en la pobreza del verbo en los medios, los *best-sellers*, la música comercial, las redes, etcétera. Cuando la violencia —que obtura y destruye— se apodera del lenguaje —que congrega y comunica— también impide el silencio, que es la condición primera y fundamental de la palabra genuina (ibídem, 31).

«Por eso, para los sectores del poder es perentorio, dada la resistencia del lenguaje, volverlo invisible e inaudible...» (ibídem, 36)

El empobrecimiento o destrucción del lenguaje junto a la religión y a las costumbres —todos inherentes a la identidad— explica por qué sistemáticamente se violentaron las lenguas originarias y se impuso otra religión y hábitos a los pueblos colonizados, atacándolos allí donde reside la esencia de su cultura. No obstante, estos pueblos, defendiendo lo que queda de ese patrimonio, intentan sostener sus valores, sus creencias, defender su lengua y luchan por la inclusión de las mismas en el aprendizaje oficial, para recuperar con ella la voz de sus ancestros y transmitirla a su descendencia.

Heidegger decía que no es el hombre quien habla al lenguaje, sino que el lenguaje habla al hombre.

Así, lo que ha sido sistemáticamente silenciado lucha por sobrevivir en la recuperación de la palabra, para seguir construyendo y comunicando a través de ella lo más profundo de cada cultura.

Al hablar de la colonialidad del saber vimos que hay un enorme poder destructivo en la supresión de los saberes ancestrales, cada paso en su recuperación no sólo es un acto de justicia sino una oportunidad de conocerlos, conocernos, interactuar y construir solidariamente nuevo conocimiento.

Toda traducción traiciona el sentido —*traduttore traditore*— lo que se expresa en una lengua no puede expresarse con igual potencia, sentimiento y significado en otra lengua sustituta, siempre se vulnera algo del significado, del sentimiento, de la conciencia identitaria, por eso necesitamos defender «la palabra amenazada» en todos los ámbitos en los que la misma es atacada. En primera instancia parecería que el peligro acecha sólo a las lenguas originarias, estén donde estén, pero enseguida veremos que hay otras formas de vulnerabilidad que conviven con nosotros y afectan día a día, sistemática y silenciosamente, nuestra intercomunicación... aún con nosotros mismos.

Amenaza de homogeneización

En marzo del 2019 se realizó en nuestro país el Congreso de la Lengua Española. En su discurso de cierre la escritora María Teresa Andruetto hizo un alegato «políticamente incorrecto» en defensa de la diversidad lingüística, un discurso valiente y esclarecedor que el público asistente aplaudió de pie.

Su primera reflexión fue la crítica sobre la denominación del evento, diciendo:

> «(...) esta lengua en la que aquí hablo siempre ha sido la lengua castellana.
> Así llegó a América, con la conquista y con la iglesia, la lengua de Castilla, y fue esa lengua y no otras que se hablaban o se hablan en España como la que se impuso —no sin dolor, no sin lucha, no sin resistencia— sobre las lenguas originarias.»

Pregunta si la lengua de España es la misma que se habla en América, en cada uno de sus países y en el nuestro; si los 600 millones de personas de 22 naciones hablan la misma lengua y si son lingüísticamente soberanas porqué necesitan ser traducidas «a un decir mejor», en tanto más del 90% de los hablantes de esas lenguas habitan en América y menos del 10% en España. Cuestiona

> «(...) cierta pretensión de uniformidad, la homogeneización que destruye lo singular o lo invisibiliza, el modo en que se ilumina la propia lengua al ver cómo toma caminos diversos. Todo eso borrado, porque el castellano de esta América es un conjunto de variables mestizadas por pueblos originarios, aportes árabes, africanos, europeos y asiáticos que —esclavizados, sometidos, aceptados o bienvenidos— impregnaron nuestros modos de decir y pensar.»

Se pregunta porque razón las variedades idiomáticas americanas son poco reconocidas por la Academia; a la vez que el *Diccionario Panhispánico de Dudas* considera que son de origen americano alrededor de un 70% de lo que considera «malos usos de la lengua».

Andruetto se manifiesta convencida de que «el bien decir» se decide en otra parte y bajo políticas de control del idioma. Una lengua, dice, es mucho más que sus reglas, vive en bocas de sus hablantes y está en permanente movimiento.

La polémica es política más que lingüística y estética.

Cada país tiene su modo de hablar, solo uno de ellos es España, que se asigna el control de las formas de decir y escribir que considera «correctas».

Argentina, por ejemplo, es un país donde la población originaria se mezcló con la invasora y con los aluviones migratorios, nunca vivió el purismo idiomático, somos mestizos culturales y esa impureza es nuestra riqueza.[20]

Uno de los argumentos más fuertes expuestos por la disertante fue la reflexión sobre la lengua como capital no solo simbólico sino económico.

Se pregunta quién usufructúa los dividendos de esa lengua en el mundo, quién certifica y si esos dividendos se distribuyen entre los países de habla castellana (obviamente, no) o sólo pertenecen en su mayoría a instituciones españolas. La más importante consecuencia de esta concentración es la búsqueda de uniformidad, un castellano a la española o un latinoamericano neutro, en consonancia el empobrecimiento del idioma y el mayor rendimiento económico. Se refuerza así el monopolio de la lengua como negocio, uniformando y eliminando la riqueza de sus singularidades, destruyendo y depredando.

El pensamiento se construye en y con el lenguaje a través del cual se manifiesta, esta demanda de uniformidad se derrama desde los modos de decir a los modos de pensar y horada la identidad.

Andruetto crítica al lenguaje de las ciencias, el inglés, frente al cual nuestro idioma está en minoría e insiste en la necesidad de recuperar el castellano como lengua del saber, del pensamiento y del conocimiento académico; propone un vital internacionalismo babélico, a cambio del monolingüe.

> «El lenguaje no es neutro, refleja la sociedad de la que formamos parte y se defiende marcando, haciendo evidente que los valores de unos (rasgos de clase o geográficos o de género o de edad...) no son los valores de todos (...) sacudir el lenguaje, es —en palabras de Althusser— una forma entre otras, de práctica política.»

Amenaza de anglicismos

Esto nos lleva a completar la reflexión sobre el uso del inglés no sólo en la ciencia y el lenguaje técnico, sino permeando todos los resquicios de nuestra vida cotidiana; anuncios callejeros, marcas, vidrieras,

---

[20] Nótese la similitud con el concepto *ch'ixi* desarrollado por Silvia Cusicanqui sobre lo mestizo, visto en paginas anteriores.

folletos promocionales, publicidad televisiva y gráfica, doblajes; nos invaden anglicismos sustituyendo términos que tienen expresión en nuestra lengua, rica en sutiles significados, que claudican frente al desarraigo de la sustitución.

Otra vez debemos preguntar, conociendo la respuesta, quién usufructúa los dividendos de esta oficialización del inglés en la industria de la lengua y quién se beneficia con su imposición explícita o subrepticia al socavar nuestra esencia, extranjerizando, proponiendo otra forma de homogeneización,

Esos gestos de dominación trascienden lo económico para vulnerar las raíces de nuestra soberanía lingüística, desnaturalizando nuestro lenguaje.

Cada uno de nosotros y sobre todo los que participamos en los distintos niveles de la educación podemos, conscientemente, impulsar un rescate de la lengua, sin chauvinismo pero también sin desmayos, reivindicando nuestra soberanía.

Amenaza de sexismo

Al tratar el tema de género quedaron pendientes importantes consideraciones sobre el lenguaje, cotidianamente muy vigentes, y que es oportuno tratar aquí. Actualmente el lenguaje inclusivo ocupa el centro controvertido de la escena. La búsqueda de formas de expresión que reflejen la equidad de género ha demandado el reemplazo del masculino para nombrar a ambos géneros, en tanto el lenguaje no es neutro y este uso lejos de incluir es discriminatorio. Muchos debates se han desatado al respecto, como dijo Santiago Kovadloff en un reportaje, el lenguaje inclusivo es un síntoma, responde a la configuración de una reivindicación, viene a hacer oír algo desoído, es la voz de alguien que pide la palabra porque se sintió privado de ella por mucho tiempo.

Su uso es una bandera política de reivindicación que materializa las profundas transformaciones que estamos viviendo y es parte de una discusión mucho más amplia sobre la construcción de identidades y la equidad de género, acompañada por un discurso que demanda la visibilización de las disidencias.

Antes de continuar el tema es oportuno revisar algunas posturas opuestas sobre lo comúnmente conocido como lenguaje inclusivo.

La Real Academia Española, declaradamente conservadora, lo rechaza y argumenta que el masculino gramatical funciona en nuestro idioma[21] cómo término inclusivo, en referencia a los colectivos mixtos.

Sin embargo, no es lo gramatical lo que está en cuestión, sino que es el campo del significado el que demanda ser revisado.

Los colectivos feministas se oponen y rechazan el uso del masculino fundamentando que se trata de un «falso neutro» y que es discriminatorio, en tanto la palabra, cargada de intención y de historia, no es inocente.

En la búsqueda de soluciones se proponen varias alternativas, asimismo existen guías para el uso no sexista del lenguaje que listan recursos para reemplazar las expresiones androcentricas.

Una alternativa es reformular la construcción de las oraciones evitando el género o sustituyéndolo por opciones que no marcan sus diferencias.

Otra, es la de usar ambos géneros,[22] que también merece objeciones por el binarismo que encubre al excluir a los géneros disidentes.

Una propuesta, más difundida entre los jóvenes, es el reemplazo de la «o» del masculino por la «e», la «x» o el símbolo «@», entre otras variantes que no son portadoras de género.[23] Su uso, salvo en el lenguaje coloquial, aún no está suficientemente codificado y requiere mucha práctica para hablarlo bien.

El tiempo irá decantando esta controversia, la dinámica de la lengua lo determinará en su uso, lo relevante es la reivindicación que portan estos cambios, acompañando con la lengua una nueva realidad, desocultando lo invisibilizado para tomar conciencia de las estrategias discursivas con las que nos nombramos, nombramos a los otros, incluimos o excluimos.

---

[21] No todas las lenguas diferencian los dos géneros o marcan el masculino en su uso, algunas no tienen género y otras tienen más de dos.

[22] Hace más de 20 años la UNESCO sugirió que se hablase de niños y niñas, reemplazando el masculino genérico, pero este cambio también fue considerado sexista por su binarismo.

[23] En términos prácticos, la vocal «e» puede trasladarse al lenguaje hablado sin dificultad y usarse también en la escritura, los otros dos —la «x» y el signo «@»— pueden incorporarse al lenguaje escrito pero conllevan dificultad de pronunciación en el lenguaje hablado. Existen algunas otras propuestas menos difundidas.

La lengua es flexible, está en permanente movimiento y cambio y siempre ha sido un lugar de disputa, no se la puede imponer con leyes ni detener con prohibiciones, es un organismo vivo y en la construcción de sentido por parte de la sociedad irá definiendo su transformación en el tiempo.

En tanto se va saldando la discusión, cada cual elegirá un camino adecuado. El lenguaje es un factor más que contribuye a sostener o reproducir las desigualdades instaladas en la sociedad y también puede ser un agente de cambio, necesario pero no suficiente.

Lo importante es que la inclusión se materialice socialmente, transformando las acciones, respetando la dignidad del otro y empujando la dirección de los cambios hacia la equidad, variables que irán transformando los discursos.

Diana Maffía[24] afirma que la lengua nos permite seleccionar la experiencia, nombrarla y comunicarla y que para hacerlo requiere consenso y cooperación, de allí la importancia de preguntarnos que sujetos participan y advierte que en el contrato social, la política, el derecho y la ciencia, las mujeres han sido segregadas por lo cual dicho consenso ha sido sexista, favoreciendo las experiencias de un sexo sobre otro, varones sobre mujeres, y excluyendo a su vez a otras minorías, privilegiando al varón adulto, blanco, capaz y educado. Al revisar la historia vemos que la mujer ha sido reiteradamente objeto de sumisión e intercambio y queda demostrado que la palabra «hombre» no es universal ni mucho menos inclusiva. Los varones participan de un intercambio simbólico y las mujeres son el objeto o la moneda de dicho intercambio. Analizando la lengua, dice la autora, podemos inferir los procesos culturales, sociales y los valores predominantes que la misma refleja y perpetúa.

> «Un caso clásico es la Declaración de los Derechos del Hombre y el Ciudadano, de la Revolución Francesa de 1789, que en su artículo 1° dice ‹Todos los hombres nacen y permanecen libres e iguales y tienen los mismos derechos›. Esa declaración, considerada universal

---

[24] «Jornadas de actualización profesional sobre traducción, análisis del discurso, género y lenguaje inclusivo» (2012), Universidad de Belgrano. Mesa redonda: «Hacia un lenguaje inclusivo. ¿Es posible?», Ponencia de Diana Maffía (Instituto Interdisciplinario de Estudios de Género, UBA).

en su mención de los derechos del hombre y el ciudadano, sólo aceptaba la ciudadanía de los varones blancos, adultos y propietarios y sólo preservaba sus derechos bajo la forma del lenguaje universal. La revolucionaria francesa Olympe de Gouges, desilusionada por la exclusión de las mujeres, después de haber peleado codo a codo en la revolución, redacta en 1791 una Declaración de los Derechos de la Mujer y la Ciudadana, donde incluye explícitamente a mujeres y varones como sujetos de derecho. Su recompensa fue la guillotina. En nuestro país la Ley N° 8871, conocida como Ley Sáenz Peña, se conoce por haber establecido el sufragio universal, secreto y obligatorio. El sufragio universal supone el derecho a voto de toda la población, pero la ley Sáenz Peña es de 1912 y las mujeres sólo lograron ingresar a ese ‹universal› cuando fueron explícitamente sujetos de una ley de sufragio femenino en 1947. El sufragio femenino se agregó al sufragio universal, ¿de quiénes?»

La Real Academia de la Lengua es otro vivo ejemplo de discriminación, basta revisar la larga lista de sus definiciones irritantemente sexistas.

Volvamos a algunas ideas de la ponencia de Diana Maffía:

«La universalidad del lenguaje tiene sexo, y su neutralidad también.»

«La disputa por las palabras es también una disputa por el poder y por eso el feminismo insiste, aunque moleste, porque cambiar las relaciones de poder implica también una política del lenguaje.»

«Controlar el lenguaje es controlar la producción de significados, los mundos posibles, nuestras intervenciones en la cultura y en la construcción social. Y por eso las mujeres libramos una batalla para entrar explícitamente en el lenguaje.»

Elijo terminar este título como Diana Maffía termina su exposición:

«Son tiempos de incomodidades gramaticales, exabruptos semánticos y reclamos airados por la palabra en primera persona. Son tiempos de derechos humanos.»

Resumiendo: la importancia del lenguaje se manifiesta paralelamente a su naturalización, tanto que muchas veces lo que decimos no es lo que realmente queremos decir pero no lo advertimos.

Hemos recorrido algunas de las tantas amenazas que se ciernen sobre nuestra lengua y que tal vez antes nos pasaron inadvertidas pero reclaman atención.

Vimos cómo actúan las presiones, manifiesta o solapadamente, en las diversas formas de colonización, en las expresiones que desnaturalizan las lenguas natales, en el lenguaje sexista y en las diversas formas de imponer hegemonía. En el discurso cotidiano hay diferencias, a veces sutiles que tergiversan el sentido y por las que se cuela una ideología que violenta la identidad o discrimina, por género, por raza, por religión, por edad y de otras formas. Revisar nuestro lenguaje requiere una voluntad constante y consciente para vencer la naturalización y revertir sus efectos negativos, refundándolo.

En una didáctica anclada en el diálogo, entre docentes y alumnos mediatizados por el proyecto, parece una obviedad hablar de utilizar el término justo, no tergiversar el sentido, ser inclusivos en toda su amplitud, defender soberanamente nuestra identidad y la de nuestros semejantes e incorporarlo al *habitus* de nuestro campo disciplinar.

En la docencia es una responsabilidad, cuidar nuestro decir, los decires de nuestros colegas y de aquellos a quienes estamos formando... se trata de educarnos y de educar.

Es sin duda difícil pero si lo hacemos, así como la palabra construye nuestra cosmovisión, una cosmovisión superadora puede revertir las amenazas que se ciernen sobre la palabra y sobre sus efectos.

RECUPERAR SABERES

Volver a un humanismo ecuménico

Muchas de las cuestiones expuestas nos alertan sobre el ensimismamiento del diseño, la arquitectura y la ciudad respecto de los usuarios y las problemáticas sociales que los incluyen y trascienden.

Hemos planteado alternativas epistemológicas con el objetivo de renovar y ampliar nuestro conocimiento disciplinar pero, hay que agregar que hemos perdido en el camino saberes que integraban la epistemología proyectual y fueron olvidados, permutados o tergiversados, por eso nos toca reflexionar desde el lugar de la recuperación de una disciplina más humanizada, que «albergue» al ser en todas sus dimensiones y no solo físicamente (cuando tiene la dicha de estar albergado), que le proponga una íntima protección para el desarrollo adecuado de sus capacidades individuales, su encuentro consigo mismo a la par que lo acoja en sus relaciones con los otros, propiciando la buena calidad de los vínculos en un estilo de vida digno.

Los temas incluidos en este capítulo no deben entenderse cómo un listado de contenidos para agregar a la programación, sino como un cambio en el pensamiento de diseño. No se trata de incorporar alguna/s variable/s más al proyecto y a su enseñanza (algo que quizás ya estamos haciendo) sino de pensar desde otra perspectiva, la que introducirá un cambio en todos los parámetros del conocimiento al desplazar la mirada.

Algunas circunstancias de nuestra contemporaneidad deben ser analizadas. El primer paso es una toma de conciencia del presente para potenciar lo positivo y revertir lo negativo, saber adónde nos encontramos y cómo volver a vincularnos solidariamente con los otros.

Entender donde y cuando hemos perdido el rumbo para poder reorientarnos.

Como siempre la filosofía nos ayuda a pensar y recurrimos a ella.

El filósofo Byung-Chul Han, reflexiona críticamente en sus libros sobre las características de nuestra época y la brecha abierta con nuestros semejantes. En toda su producción insiste sobre las amenazas que se ciernen sobre el planeta, los riesgos de la globalización y de la hiperproducción, las presiones que ejerce la cultura del rendimiento, con sus efectos sobre el individuo, la alteración de los vínculos sociales y el ensimismamiento depresivo que nos aleja de nuestros semejantes y donde la preocupación por la buena vida y la buena convivencia son reemplazadas por la preocupación por la supervivencia. Señala que los logros culturales de la humanidad son consecuencia de una atención profunda y contemplativa, que permite salir de nosotros mismos y sumergirnos en lo que nos rodea, acciones que la aceleración en la que vivimos nos impide realizar.

Asegura que vivimos «La sociedad del cansancio» —tal como titula a uno de sus libros— en la que la presión por ser productivos, eficientes y exitosos nos conduce a una cultura de la fatiga, el agotamiento, la depresión y el aislamiento, en términos existenciales. «El hipercapitalismo convierte todas las relaciones humanas en relaciones comerciales. Despoja al hombre de su dignidad reemplazándola por completo por el valor de mercado.» (2022, 117)

En «El terror a lo igual» (2020) —artículo publicado por el autor en Bloghemia— dice:

> «Los tiempos en los que existía el otro se han ido. El otro como misterio, el otro como seducción, el otro como eros, el otro como deseo, el otro como infierno, el otro como dolor va desapareciendo. Hoy, la negatividad del otro deja paso a la positividad de lo igual. La proliferación de lo igual es lo que constituye las alteraciones patológicas de las que está aquejado el cuerpo social. La

expulsión de lo distinto pone en marcha un proceso destructivo totalmente diferente: la autodestrucción. En general impera la dialéctica de la violencia: un sistema que rechaza la negatividad de lo distinto y desarrolla rasgos autodestructivos.»

« (...) El terror de lo igual alcanza hoy todos los ámbitos vitales. Viajamos por todas partes sin tener ninguna experiencia. Uno se entera de todo sin adquirir ningún conocimiento. Se ansían vivencias y estímulos con los que, sin embargo, uno se queda siempre igual a sí mismo. Uno acumula amigos y seguidores sin experimentar jamás el encuentro con alguien distinto. Los medios sociales representan un grado nulo de lo social (...) La interconexión digital total y la comunicación total no facilitan el encuentro con otros. Más bien sirven para encontrar personas iguales y que piensan igual, haciéndonos pasar de largo ante los desconocidos y quienes son distintos, y se encargan de que nuestro horizonte de experiencias se vuelva cada vez más estrecho. Nos enredan en un inacabable bucle del yo.»[25]

El autor advierte sobre la nueva fórmula de dominación: «ser feliz», la preocupación por uno mismo, un exceso de positividad en la que el sufrimiento es interpretado como fracaso personal, sin notar lo que esa fórmula encubre: enajenación, despolitización y pérdida de solidaridad.

Si asumimos críticamente este doloroso planteo, advertimos una profunda necesidad de cambio que, sin paralizarnos de impotencia, nos motive a reflexionar y a modificar éticamente nuestras acciones.

El hábitat que construimos está destinado a albergar y ¿por qué no? a restaurar a ese ser quebrado.

Recuperando las ideas de Gastón Bachelard de su libro *La Poética del Espacio* (1990), sostenemos que la arquitectura es un hacer para el ser que, a su vez como expresión crea ser, al generar sensaciones, emociones, vivencias, recuerdos, imágenes, que trascienden y repercuten en los otros.

---

[25] Byung-Chul Han, «El terror de lo igual». Disponible en ‹https://www.bloghemia.com/ 2020/12/el-terror-lo-igual-por-byung-chul-han.html›.

Sin duda deseamos que nuestras obras habiliten ese sentido, en tanto las ciencias del hábitat son producto de nuestras acciones transformadoras que expresan y construyen nuestra particular cosmovisión y la de quienes alberga, el profesor José R. Morales en su hermoso libro *Arquitectónica*, dice que cuando el ser en sus orígenes yerra en la vastedad carente de huellas, se constituye como único centro y sólo al dominar el espacio, al situarse, se reconoce, reconoce el lugar, reconoce al otro, deja marcas y, establecida su sede, puede descentrarse para arriesgarse a la aventura de su propia existencia.

La arquitectura lo ampara y lo protege, le permite ser consigo y con los demás, lo hominiza, en su acción de humanizar el espacio, de conferirle un sentido al construir su mundo en los ámbitos de lo privado y lo público.

En esa dialéctica de configurar el mundo y configurarse conforma su hábitat según sus especiales maneras de vivir, propias de cada tiempo y lugar, a la vez que ese hábitat, su espacio y sus objetos, le permiten cierto tipo de vida.

Como profesionales somos intermediarios en esa construcción, que ya no es directa ni personal como alguna vez lo fue.

Humanizar el espacio a la medida de las necesidades, costumbres y deseos de quien lo habita es nuestra misión genuina, libre de vedetismos.

Los temas analizados en este texto tienden a generar conciencia y aumentar la sensibilidad en el profesional que debe resolver esos problemas y colaborar para tener un mejor vínculo con aquellos a quienes presta servicio.

Es un darse cuenta de las necesidades a resolver y de los mejores recursos al alcance para pensar, hacer, sentir y construir significado «en y con» el contexto, «en y con» el usuario, hacerlo de manera situada.

«Contexto y obra de arquitectura configuran juntos la noción de ‹lugar›, que comporta en sí mismo un espacio humanamente habitable dotado de significado» (Galarce y Mauricio: 2012, 9) y adhieren a la crítica que Juhani Pallasmaa hace a la arquitectura actual, al decir que:

> «en lugar de una experiencia espacial, con una base existencial, la arquitectura ha ido adoptando la estrategia de la publicidad y de la persuasión instantánea, en la que se abandonan determinados

> criterios de diseño relacionados a los sentidos, se puede entender que los edificios se conviertan hoy en productos-imagen, separados de la profundidad y de la sinceridad existencial». (2006, 76)

Gastón Bachelard (1990) en la misma línea existencial, valora las experiencias vividas y los espacios capaces de despertar el recuerdo de lo pasado en las vivencias del presente, dice que cuando intentamos recordar un momento particular de nuestra vida no lo pensamos en el tiempo sino en los espacios donde fueron vividos, por eso para él el espacio conserva tiempo comprimido. En cada recuerdo están contenidas sensaciones, percepciones, sentimientos, recuerdos, ensoñaciones, fantasías ... el empatizar con los sentimientos del usuario nos conduce a un diseño más comprensivo.

Ante cada necesidad, cada tema, cada lugar... hay resonancias que debemos reconocer y luego transmitir para poder repercutir en otro ser.

El autor propone el topoanálisis, como estudio sistemático de los parajes de nuestra vida íntima para intentar indagar en nuestro interior ya que, en tanto nuestra alma es una morada lo es de nuestros recuerdos y también de nuestros olvidos, de allí la importancia de la autoconciencia y de reconocernos en el problema antes de proyectar la solución.

Afirma que la expresión crea ser y el ensueño poético goza no sólo de sí mismo sino que prepara para otras almas goces poéticos, quien habite el diseño así concebido sentirá que la imagen surge en la conciencia como un producto directo del corazón y vibrará en igual frecuencia.

Le Corbusier decía que existe la arquitectura cuando hay emoción poética. Es esa poética la que impacta en la profundidad del ser y nos conecta con el otro.

Hoy distintas ciencias están analizando cuestiones que discurren en ese sentido y conducen sensiblemente a la humanización del diseño: el análisis de las emociones que despiertan los espacios y objetos que nos rodean; una mayor aproximación a la naturaleza en la generación de los lugares; economía en la utilización de materiales y tecnologías; reconciliación con el entorno en acciones que recuperen la calidad del medio ambiente y la calidad de vida; exploración de otras formas de vincular a los usuarios con el lugar y sus semejantes y volvernos más creativos para ejercer la profesión, para atender a los nuevos nichos de demanda reclamados socialmente.

Este o cualquier otro listado, siempre será incompleto, la intención como dijimos al inicio, propone cambiar la actitud.

Con ese objetivo veremos algunas investigaciones y experiencias que priorizan lo humano y la naturaleza, como filosofía proyectual superadora.

Neuroarquitectura

La neurociencia ha permeado distintas disciplinas a través de sus descubrimientos y ha enfatizando la importancia de considerar la emoción. Algunas ramificaciones involucran a nuestras áreas de competencia, la neuroaquitectura, a la que nos referiremos enseguida, y la neuroeducación, en la que ha demostrado que la emoción es fundamento de todo proceso de aprendizaje que pretenda ser efectivo.[26]

Investigaciones en neuroarquitectura, vinculadas a la espiritualidad, afirman que existe un diálogo invisible entre nuestro cuerpo y el entorno. Percibimos los lugares a través de los sentidos y los impulsos que recibe el cerebro son traducidos en una dinámica de emociones, pensamientos y sentimientos que se realimentan entre sí.

La neuroarquitectura indaga en los efectos del entorno sobre nuestro sistema biológico y su influencia sobre los estados anímicos.

Ciertas formas y espacios activan áreas concretas del cerebro relacionadas con el bienestar (o el malestar).

Las investigaciones confirman lo que ya no nos había anticipado la filosofía, la antropología o la psicología.

[26] Francisco Mora en su libro *Neuroeducación* sostiene que solo se puede aprender aquello que se ama y que le trasmite a la persona un nuevo significado, algo que es diferente, que sobresale del entorno, que produce placer y que tiene que ver con la propia vida. La neurociencia cognitiva ha comprobado con imágenes la actividad de las áreas cerebrales en distintas circunstancias de aprendizaje observando variaciones con diferentes estímulos de la enseñanza para ir arribando a esas conclusiones.

La Academia de Neurociencias para la Arquitectura (ANFA) creado en San Diego, Estados Unidos, reúne investigaciones sobre cómo los espacios impactan en nuestro cerebro e incluso, dicen, pueden llegar a modelarlo.

La fenomenología de la percepción, en aspectos oportunamente estudiados por la psicología de la Gestalt (hoy poco considerados en la formación profesional) estudió oportunamente el diálogo implícito entre nuestro cuerpo y las cualidades que llegan a nuestros sentidos, interconectados y capaces de captar información como luz, proporción, altura, colores, texturas, formas, sonidos, olores, temperaturas, visuales, etcétera, propiedades que modelan los espacios y objetos que nos rodean, anticipando oportunamente en sus investigaciones el tipo de efecto que ejercen sobre nosotros.

Sin duda irán surgiendo nuevos descubrimientos pero lo que sabemos hasta hoy, tanto sobre la percepción, los efectos emotivos de los estímulos y la construcción de subjetividad, representan un insumo valioso para utilizar a favor de la calidad del proyecto, conocimientos omitidos por una progresiva pérdida de valor ante otras solicitaciones, urgencias frecuentemente cuantitativas, que nos descentran de la humanidad de otros objetivos.

Obras de Aalto, Zumthor o Barragán por nombrar solo algunos, expresan una profunda preocupación por las sensaciones y emociones que despiertan sus arquitecturas. Sin duda quien haya podido recorrerlas continuará íntimamente conectado con el profundo sentimiento inspirado por sus recorridos.

La única manera de crear una arquitectura que convoque la emoción en el ser, que sea capaz de lograr bienestar, pertenencia y participación, es entender el vínculo afectivo que puede ser generado con recursos a nuestra disposición, reconocerlos y ejercitarlos con empatía.

En suma, como decía Gastón Breyer: el mensaje racional es el encargado de demostrar y el mensaje poético de mostrar, comunica lo unívoco y a la vez propone una lectura de inagotable polisemia, penetrando al ser por la puerta de la emoción y transfiere una idea portadora de la carga poética capaz expresar en condensación la cosmovisión de su creador, atravesado por la cultura en un momento único e irrepetible de su existencia.

Una función de la arquitectura es responder a la necesidad primaria del albergue, pero esta condición debe ser trascendida para expresar y producir emociones, comunicar un sentido de pertenencia, representar al diseñador y al usuario en su subjetividad, en plenitud y sin enajenarlo de su propia existencia, preparar el contexto para celebrar gozosos encuentros con los otros.

Hoy cabe preguntarnos en qué medida esto sucede.

Topofilia

Se puede hablar de un concepto ya probado para hacer ciudad, que lleva «del espacio ocupado al lugar habitado», es el concepto de *topofilia*, una perspectiva ontológica que analiza nuestra relación emocional con el mundo a través del significado.

La topofilia designa esa experiencia única que cifra los lazos existentes entre la persona y el lugar que habita, ya sea éste la ciudad, la periferia o el campo.

Es una idea que proviene de la filosofía de Gastón Bachelard, la que a partir de comprender el valor humano de los espacios para despertar sentimientos de empatía, ha derivado en la implementación de estrategias urbanas de identificación y pertenencia que motivan la apropiación y el cuidado de áreas degradadas y posibilitan su reconversión, apelando a la relación indisoluble entre el ser y el estar manifestada por el lugar y la posibilidad de ser en él.

La topofilia es un modo de diferenciar el espacio mensurable, abstracto, del espacio vivido, con una carga sensible e imaginativa arraigada en el ser, pone en foco la experiencia de vida, el sentimiento de apego que liga a los seres con los lugares, los identifica y permite a cada uno ser y ser con el otro.

Esta filosofía, utilizada para hacer ciudad desde sus habitantes y sus lugares, tiene el objetivo de forjar relaciones emotivas y poner límite a la intolerancia que, sumada a situaciones de pobreza, es desencadenante de la violencia. En varios lugares esta idea, sumada a pequeñas acciones de autogestión barrial, fomentaron actividades ambientales para recuperar el espacio público, el equipamiento comunitario, su preservación, cuidado y mantenimiento.

El investigador colombiano Carlos M. Yori ha profundizado en el tema del desarrollo urbano participativo con dimensión sustentable bajo ese concepto, criterio que se aplicó, entre otros lugares, en Bogotá (1992).

Se trata de un trabajo social, que logra un clima de conciliación y articulación de las diferencias, en favor de un proyecto común.

Las acciones se integran y aportan, no solo a mejorar la calidad de los espacios habitados en las zonas que lo requieren, sino a promover el cuidado vecinal de esas inversiones, con sentido de comunidad.

Al ser partícipe y sentirlas como propias, la gente las mantiene y las protege. Otro caso destacable es el de Medellín, caracterizado por poseer una topografía irregular con fuertes desniveles que mantenían desconectadas las distintas zonas urbanas, con asentamientos aislados y relegados a un contexto de pobreza que la convertía en una de las zonas más peligrosas y con mayor índice de delito del planeta.

En este caso, las acciones estratégicas de urbanismo social debían comenzar por grandes obras de infraestructura que vinculara la ciudad física, mental, estética y espiritualmente, logrando la interconexión entre los barrios y de ellos con el casco urbano, mejorando el saneamiento, las infraestructuras en vivienda, salud, educación y deportes, para dar a los niños y jóvenes nuevas oportunidades y contención para alejarlos del delito.

Se requería detectar las necesidades reales y responder con soluciones que fueran aceptadas por la comunidad, soluciones simples, económicas, de buen diseño, expresivas, de gran calidad espacial, que despertaran identificación y apego. Para lograrlo cualquier propuesta necesitaba la opinión, experiencia y aprobación de sus habitantes, con los que se trabajó en talleres de imaginario colectivo, donde se forjaron acuerdos previos a la intervención en etapas. Cada una de ellas correspondió a una gestión de gobierno, una continuidad que sostuvo el proyecto más allá de las diferencias políticas y los cambios de gestión, integrando grandes obras con intervenciones a pequeña escala y de gran impacto, incluidos los respectivos equipamientos.

Las estadísticas reflejaron la notable reducción de los índices de delito y pusieron en evidencia los cambios sociales que pueden lograrse cuando se procura una vida digna a los habitantes, unificando los esfuerzos y fortaleciendo los lazos afectivos entre habitante, lugar y comunidad, hasta alcanzar condiciones de vida decorosas.

Este tipo de iniciativas requieren gestión y apoyo institucional y no pueden articularse sin intervenciones gubernamentales a gran escala que produzcan cambios estructurales, también demandan profesionales conscientes de la trascendencia del tipo de acciones que priorizan al habitante.

Estas soluciones, aparentemente estéticas, son profundamente éticas.

Cuidar la casa grande

Sentimos día a día que vivimos en un mundo frágil, complejo y diverso, que abarca sus modos de sentir, de pensar y de habitar.

Son largos de enumerar los serios problemas que enfrenta el planeta, nuestra casa grande, su habitabilidad; la declinante calidad de vida, el deterioro del medio ambiente, los desastres que generalmente aquejan a los más empobrecidos, la permanencia de estructuras tradicionales rezagadas respecto a los cambios sociales que afligen a sus habitantes, poderes económicos globalizados que superponen sus intereses al bien común, etcétera.

No obstante, es importante subrayar que la degradación no es un destino, hay esperanzas y depende en parte de nosotros.

Esta no es una postura ingenua sino el reconocimiento de que siempre hay fisuras por las que pueden penetrar las transformaciones, hay que buscarlas. Como profesionales somos responsables de proponer y acompañar los cambios y hacer un diseño, una ciudad y un planeta más amigables para contribuir a mejorarlo, como docentes tenemos doble responsabilidad.

El proyecto es un momento de reflexión, una oportunidad para replantear la cultura del habitar, cuidando y mejorando lo que nos rodea con cada intervención, pequeña o grande, recordando que nuestra profesión es constitutiva y constituyente del espacio que alberga al ser, un ser único, irrepetible y que dispone de una sola vida para disfrutar ... o padecer.

Para un análisis crítico de los desajustes a distintas escalas, acompañados por propuestas de cambio están presentes por una parte, los movimientos y acciones ecologistas que intentan el rescate del planeta, los que han tenido buena difusión mediática y, por otra parte como ya vimos, los enfoques desde teorías alternativas del conocimiento, que arrojan nuevas perspectivas para una ética de cambio, éstas menos publicitadas paradójicamente por la misma condición de inequidad que denuncian.

Los problemas abarcan varios niveles de generalidad: en nuestro caso, medio ambientales, urbanos, arquitectónicos y de diseño, de características autónomas entre sí aunque con límites difusos y vínculos transversales.

Vamos a enunciar muy brevemente algunos datos que nos darán idea de la gravedad de la situación ambiental y su relación con la industria de la construcción, que siendo parte del problema puede serlo de la solución.

De acuerdo a la Agencia Internacional de Energía (IEA) el 60% del total de los materiales que se extraen de la capa externa de la tierra tienen como objetivo la construcción, se destina a los edificios el 40% de la energía primaria consumida en el planeta y el 75% de la electricidad.

En la construcción y demolición de edificios se producen el 60% de los residuos sólidos, equivalente a 1,3 toneladas por persona y por año, los mismos emiten el 50% de las emisiones contaminantes de CO_2 (dióxido de carbono). Cifras asombrosas y preocupantes.

El CO_2 tiene un gran impacto en el llamado efecto invernadero, cuya concentración ha aumentado en los últimos 160 años con consecuencias nefastas para el medio ambiente, lo acompaña el incremento de otras sustancias nocivas que han llevado a la reducción de la capa de ozono (que protege a la tierra de la radiación ultravioleta), reducción desencadenante de fenómenos naturales altamente perjudiciales y en progresivo aumento, mal que les pese a los negacionistas.

Considerando que la mayor parte de la población del planeta vive en zonas urbanas, los problemas deben resolverse principalmente en este contexto.

La prioridad mundial es reducir la huella de carbono, lo que requiere reformular el estilo de vida actual en las grandes ciudades, cambiar nuestros hábitos de consumo, producir menos desechos, proteger al medio ambiente y darle a la arquitectura, a las especialidades del diseño y a la ciudad el valor agregado de ser amigables con el ecosistema.

En 1993, para el mes de octubre, el mundo ya había gastado los recursos naturales disponibles para todo el año (que demoran otro año en regenerarse), o sea, los dos meses siguientes fueron consumos en deterioro del planeta. Diez años más tarde la situación se adelantó al mes de setiembre y en el 2019 los recursos se agotaron en el mes julio, o sea, promediando el año.

Según un estudio de la Universidad inglesa Anglia Ruskin, la sociedad no sobreviviría más allá del 2050 con este estilo de vida.

Para revertir esta situación habría que retrasar el *día de la sobrecapacidad* (fecha en la que agotan los recursos anuales disponibles). Anticipándola cinco días por año y para el 2050 estaríamos acercándonos a un mundo sustentable. Para avanzar en esa dirección las Naciones Unidas propusieron a sus estados miembros una agenda de acciones hacia 2030, tendiente a cambiar los hábitos de consumo actuales.

Distintas ciudades se sumaron con sus propias propuestas,[27] trazando planes adecuados a sus características locales, persiguiendo ese objetivo.

[27] Las nuevas tendencias del urbanismo proponen ciudades compactas, descentralizadas, con utilización de tecnologías limpias y donde se tenga todo lo necesario en un radio de 15 minutos a pie. El objetivo es desmotivar el uso del automóvil; favorecer los medios de locomoción no contaminantes y el transporte público, reduciendo su uso al acortar los recorridos; hacer una ciudad amigable para el peatón; aumentar la superficie de espacios verdes; recuperar cursos de agua a cielo abierto que, saneados, pueden convertirse en áreas verdes y de esparcimiento.
Con la reducción del uso del automóvil pueden recuperarse espacios, generarse veredas más anchas, aumentar las calles peatonales, las ciclovías, las áreas verdes, las huertas urbanas y las actividades de esparcimiento. Ya existen en el mundo muchas propuestas orientadas a esas soluciones.

La situación no es igual para todos los países, generalmente los que más contaminan son los más reacios al cambio y los que disponen de mayor poder económico para presionar sobre esas agendas y priorizar las propias, a la vez que los países más pobres, sin ayuda, no disponen de recursos para cambiar sus formas de producción nocivas. Sin duda la solución es política y global.

A su vez la industria impulsa a la sociedad a un consumismo cada vez mayor, lanzando nuevos artículos, convenciendo de que son imprescindibles para nuestra vida y asegurándose su obsolescencia, intencionalmente programada[28] para impulsar una constante renovación favorable al mercado.

En el caso de la industria indumentaria y textil, por dar solo otro ejemplo, es responsable del 29% de agua a nivel global (93.000 millones de m^3 de agua al año) suficiente para la supervivencia de cinco millones de personas.

Ropa y calzado producen el 8% de los gases de efecto invernadero y cada segundo se entierran o queman textiles por el equivalente a un camión de basura. Los diseñadores, ante la conciencia de esta situación. desarrollan iniciativas de bajo o nulo impacto ambiental para subsanarlo.

En todo el ámbito de la producción subsisten grandes desequilibrios, la solución se busca en el marco de una economía circular consistente en *reparar, reciclar, reutilizar* y *refabricar*, a los efectos de reducir la producción de los residuos, pero aún estamos lejos de resolverlo y los devastadores. desastres naturales dan cuenta de ello.

Paralelamente, frente a la dilapidación, se presenta la contracara de la pobreza, que asola en forma creciente a millones de personas en el mundo. La Cepal (Comisión Económica para América Latina y el Caribe), una de las cinco comisiones regionales de las Naciones Unidas,

[28] Hay tres tipos de obsolescencias dentro de la cadena económica: la programada la realiza el fabricante reduciendo intencionalmente la vida útil de producto para asegurar su reposición. La percibida está relacionada con el producto, que aún siendo funcional pasa de moda intencionalmente para persuadir al consumidor de reemplazarlo. La de especulación es aquella por la cual una empresa saca al mercado un producto como definitivo y para incentivar su compra poco después lanza otro con mejores características para impulsar su recambio.

estima que tres millones de hogares viven en forma inadecuada, un 60% necesita un dormitorio más, un baño o una cocina salubre, un 30% tiene problemas de dominio u ocupan espacios informales y un 10% habita en sitios que deberían ser relocalizados, porque en ellos no es posible una vida sana.

En la actualidad, el déficit de vivienda afecta a casi todos los países del mundo. Según un estudio realizado por el Instituto *Global McKinsey* 330 millones de familias urbanas en todo el mundo carecen de una vivienda digna, o los costos de la vivienda son tan altos que necesitan renunciar a necesidades básicas como alimentos, atención médica y educación. En tanto el WRI (*World Resources Institute*) estima que 1.600 millones de personas carecerán de una vivienda adecuada para el año 2025, sin mencionar los millones de desplazados que ya lo perdieron todo o debieron abandonar sus hogares.

Esto no son solo números, lamentablemente la pandemia del Covid 19 nos ha obligado a tomar conciencia de las consecuencias de las situaciones de hacinamiento, infraestructuras insuficientes, falta de agua y servicios cloacales, así como de las condiciones inaceptables de los lugares de encierro, asilos, neuropsiquiátricos o geriátricos, todos ellos al margen de una vida digna.

A la vez, todos hemos visto con sorpresa el cambio favorable producido en la naturaleza frente a la forzosa inactividad productiva y nuestro confinamiento. A los pocos días de la cuarentena la contaminación retrocedió a los límites de 1970, volvieron a encontrarse especies animales que se creían extinguidas y las ciudades fueron visitadas por aquellas escondidas en la periferia.

Un tema para reflexionar: nuestra relación destructiva con la naturaleza. Los conglomerados urbanos, tal como están, ya no son viables, ni desde lo medio ambiental ni desde la calidad del habitar humano.

El urbanismo, la arquitectura y cada rama del diseño pueden y deben contribuir, sin opciones, a favorecer el medio ambiente y mejorar la calidad de vida con sus acciones.

Ecofeminismo

Entre las propuestas que acercan soluciones, son importantes las que llegan desde el urbanismo con perspectiva de género y desde el ecofeminismo.

Se habló previamente de la perspectiva androcéntrica en la configuración espacial, de la división sexual del espacio y la distinta experiencia de las mujeres respecto a los hombres, mencionando que la experiencia urbana también está cruzada por cuestiones de edad, raza, género, discapacidad y distintos motivos de desigualdad, de inequidad y de violencia que el urbanismo feminista señala y analiza a la vez que propone soluciones.

Las mujeres en su función histórica de cuidadoras, conscientes de la desigualdad, del divorcio del territorio con el medio ambiente, han advertido acerca de un urbanismo sometido al sistema económico capitalista y al goce diferencial del derecho a la ciudad, la contaminación y los riesgos a la sostenibilidad de la vida del planeta.

En la urgencia de volver a colocar la vida en el centro de la escena presentan alternativas de solución, conscientes de la vulnerabilidad y eco dependencia. El ecofeminismo formula un discurso teórico que relaciona la opresión de las mujeres con la dominación sobre la naturaleza y se manifiesta en contra del neoliberalismo extractivista, a la vez que critica algunos aspectos del desarrollo sustentable y la ecología superficial, por no cuestionan el modelo desarrollista sino solo tratar de mitigar sus efectos.

> «Así el ecofeminismo promueve un enfoque que no se posiciona desde la carencia, sino desde la importancia de considerar los cuidados para pensar en una sociedad ecológica y socialmente sostenible, por medio de valores como la reciprocidad, la cooperación, el apoyo mutuo y la complementariedad.» (Svampa: 2015)

> «Tanto el feminismo, el ecologismo y las resistencias urbanas están llamadas a contribuir en la generación de alternativas con perspectiva local y contextual, que venga a disputar las formas de producción como la manera en que habitamos, rechazando al

crecimiento económico como parámetro de beneficio social y colectivo...» (Pineda: 2020)

El urbanismo de género propone, en sintonía, un enfoque transversal, transescalar e interdisciplinario, trabajando en marcos centrados en las personas, su localización y sus necesidades, acercando distintas soluciones que tienden a mejorar nuestras condiciones de vida y las del planeta.

Hay soluciones y muchas de ellas se materializan con buen diseño, dependen del impulso de políticas públicas adecuadas, claridad de conciencia de todos los estamentos que intervienen y de la articulación del sector público con el sector privado, organizaciones gubernamentales y no gubernamentales, públicas y privadas, que puedan sumar sus contribuciones a la gestión, contextos desde los cuales los profesionales tenemos mucho para aportar en cada una de las instancias.

En cada intervención es necesario incorporar sustentabilidad y sostenibilidad, un diseño pasivo y valores propios de los materiales y de las arquitecturas tradicionales, a las que hemos subestimado en virtud del «progreso», y hay que volver sobre sus principios éticos de valoración e integración con la naturaleza. Por otra parte, las acciones con beneficio social, ambiental, económico deben sostenerse en el tiempo para que sean trascendentes.

En la formación, debemos hacernos cargo de estos problemas, hacerlos propios —porque lo son— incorporarlos a los contenidos de cada asignatura, de cada carrera, a la investigación y a los debates académicos. Lamentablemente el tema aún no se profundiza debidamente.

Existen materias optativas y posgrados pero es una problemática aún postergada en el grado, muy enunciada y poco implementada.

Bioarquitectura

En línea con la preservación, se promueve el uso de técnicas de la bioarquitectura para aplicar a una construcción de bajo impacto ambiental. La bioconstrucción es un método arquitectónico que tiene por objetivo crear edificaciones respetuosas con el ambiente y en armonía con la salud humana. La clave está en la utilización de materiales naturales y renovables —como la madera, la arcilla, el adobe, la paja o el bambú—, que promueven la eficiencia energética. Es una especificidad del biodiseño, que involucra a todas sus ramas en el mismo concepto.

El área de Tecnologías Sustentables del INTI es una de las entidades que trabaja en el tema y se propone demostrar que es posible proyectar en distintas escalas con buen diseño de bajo impacto, incluso reduciendo costos, favoreciendo el ahorro de energía y minimizando la contaminación.

Hay un rescate de materiales como tierra, piedra, madera o fibras, propios de las construcciones que culturalmente eran respetuosas del clima y del entorno. Saberes ancestrales que fueron relegados u olvidados y que hoy, reconociendo sus virtudes, vuelven a ser tomados en consideración, programando su difusión y elaborando guías y prácticas de aplicación.

Cada uno de estos materiales y sus respectivas técnicas tradicionales en muchas zonas de nuestro país, se vuelven a aplicar de acuerdo a las características locales: entramados de madera, quincha y técnicas como el tapial, encofrados y bloques de tierra comprimida, entre otros.

No sólo se aplican materiales naturales, sino que se aprovechan las condiciones medioambientales que favorecen los buenos resultados: la orientación más conveniente a la temperatura, la luz del sol, la energía del viento, la sombra de los árboles, el agua de lluvia, la utilización de elementos y recursos como techos verdes, fachadas vivas o ventilación cruzada.[29]

Actualmente también se agrega el *diseño biofílico*, incorporación de elementos de la naturaleza en espacio urbanos, arquitectónicos y diseño de equipamientos, buscando nuevas conexiones con el ser, en su evocación a la naturaleza, procurado mejorar la salud mental y el bienestar individual y social. Se elaboran patrones vinculados a recursos y resultados que pueden aportar a la reducción del estrés, al mejor

[29] Disponible en ‹http://redprotierra.com.ar/2020/07/08/bioarquitectura-una-opcion-sustentable-frente-al-cambio-climatico/›.

desempeño cognitivo y a la incidencia sobre los estados de ánimo, con ciertas recomendaciones relacionadas con la optimización del presupuesto disponible.[30]

En síntesis: vimos, desde distintos puntos de vista, una serie de alternativas orientadas en la dirección cuidadora y a complementar el pensamiento proyectual racional para hacerlo más humanamente sensible.

Frente al dominio del mercado de capitales globalizados esta postura puede parecer utópica pero es posible de aplicar, y de hecho se ha aplicado, en intervenciones puntuales que no cambiarán el mundo pero marcan una diferencia de calidad de vida para sus habitantes.

Criterios para aplicar en el diseño del hábitat, que abarque desde un pequeño objeto hasta una ciudad, produciendo en el corazón del proyecto una grieta a través de la cual pueda penetrar la luz.

Los esfuerzos se enfocan en un retorno a la vida en armonía con la naturaleza, una convivencia amigable que la preserve, como último recurso para nuestra supervivencia; opciones que fueron generalmente omitidas por la cultura de la modernidad y olvidadas como parte de la formación que muchas veces, por error u omisión, persiste con soluciones inadecuadas.

La educación deberá realizar una severa autocrítica, ampliar sus líneas de investigación incluyendo saberes tradicionales y generar alternativas para dejar de repetir costumbres que se demostraron nocivas para el planeta.

También habrá que estar alerta para evitar el discurso de un maquillaje verde que solo guarda las apariencias y aprovecha las ventajas económicas de los resquicios legales a su favor, lejos de producir beneficios genuinos.

[30] Disponible en: ‹https://ovacen.com/el-diseno-biofilico-el-poder-de-la-arquitectura-y-la-naturaleza/›.

APRENDER-DESAPRENDER-REAPRENDER

El introyecto en revisión

El germen de razonamiento y sentimiento que nutren las decisiones del diseñador se cultiva durante la formación y se naturaliza con la práctica profesional. El proyectista, marcado por una subjetividad construida a lo largo de su vida, hereda los rasgos positivos y negativos del proceso de enseñanza; ya sea las marcas del pensamiento conservador, tradicional, o la actitud crítica que, antes de aceptar lo heredado, lo revisa previo a la acción.

Así lo ya introyectado adquiere fuerza de ley o es puesto en jaque y analizado. Reflexionaremos sobre esta revisión.

Algunas observaciones sobre las características relevantes del conocimiento proyectual permitirán comprender los alcances y necesidad de ese análisis.

El diseño ocupa una posición mediadora entre el sujeto y el objeto, es un vínculo dialéctico que manifiesta la importancia de nutrir los conocimientos del diseñador, generando empatía con el problema en el momento de proyectar. Junto a los conocimientos propios del campo hay una cosmovisión orientadora, una actitud teórica y ética que actuará como guía para la acción.

El proyecto, por su parte, tienen una lógica específica, cruzada por otras lógicas que, antes, durante y después, lo atraviesan (Doberti: 2008, 214-224). Las mismas están inmersas en un complejo juego de tensiones y presiones que demandan constantes decisiones, muchas de las cuales preceden al problema, son propias del autor y al nutrirlas con las corrientes de pensamiento alternativo y superador (algunas de las cuales hemos descripto) aportan soluciones que aventajan al anquilosado pensamiento tradicional.

La formación proyectual exige la integración de campos convergentes de conocimiento, elaboraciones complejas durante las cuales se va configurando un denso entramado, que se construye en la práctica paradojal de aprender a diseñar ... diseñando.

Durante ese proceso se puede nutrir un pensamiento complejo, divergente, reflexivo, crítico y capaz de negociar con la incertidumbre, a la par que se profundiza el sentimiento para interpretar y actuar sobre la realidad con un profundo sentido ético.

El conocimiento de diseño se desarrolla en la acción, es pragmático y combina racionalidad y sensibilidad. Está integrado por un pensamiento lógico y un pensamiento poético ambos necesarios, indivisibles y complementarios. No obstante, la educación tradicional se ha inclinado por el primero y ha postergado el segundo, una característica que hay que recuperar para humanizar las acciones que se transferirán al hábitat.

Distintas teorías aluden a estas dos modalidades de pensamiento, Bruner (1988) los define como formal (lógico, científico) y narrativo (no algorítmico), este último utilizado intuitivamente en el mundo real y en la resolución de los problemas cotidianos. Son dos maneras de conocer que pueden convencer desde diferentes perspectivas, una con la verdad y otra por su semejanza con la vida, quizás no rigurosamente verdadera pero sí verosímil.

Agrega que muchas hipótesis científicas y matemáticas —también podemos decirlo del proyecto— comienzan como pequeñas historias o narrativas para luego pasar a su verificación.

En el proceso de diseño este tipo de pensamiento es un componente vital, expresado como la interpretación de las propias experiencias, las del usuario, las de la sociedad y las del diseñador.

Vimos en capítulos anteriores cómo las narrativas devenidas de experiencias particulares son valorizadas por las nuevas epistemologías.

La antropología ha propuesto oportunamente una mirada —rápidamente difundida a los estudios sociales— que evoluciona sobre la idea tradicional de organización de las disciplinas a través de marcos generalizadores y abstractos y considera la experiencia vivida y concreta de los agentes bajo estudio, sus categorizaciones y perspectivas, situando al investigador en un campo que les confiere valor (Hidalgo 2006).

Por su parte, Campos Baeza (2017) considera el proyectar como una labor de investigación, al igual que su enseñanza.

La cosmovisión conduce la investigación y la sensibilidad de la indagación es fundamental en la calidad de los resultados a obtener.

En la dirección abarcadora e inclusiva que se desarrolla, vimos alternativas con fuerte valorización de la experiencia situada, no solo de los agentes investigados sino también de los mismos investigadores.

La crítica a las concepciones enquistadas y la autocrítica, pueden dar lugar a acciones reflexivas sobre el propio trabajo, reconocer omisiones históricas, comprender juegos de poder ocultos detrás de las decisiones y contribuir a formar un investigador-diseñador perceptivo de las demandas del ser. Durante el desarrollo del proyecto entran en consideración muchos de los conceptos analizados: la profundidad de la indagación, la importancia del usuario, la valoración de la experiencia y las acciones de la vida cotidiana, los lenguajes utilizados, la perspectiva de género, el reconocimiento de las formas locales, la acción grupal colectiva, la inclusión, el respecto por el medio ambiente y, en el marco de la formación, la producción superadora del conocimiento, la evolución teórica en un marco interdisciplinar, la superación de la didáctica, la empatía, el profundo humanismo, la formación y ética del proyectista, la posibilidad de habilitar las narrativas silenciadas, siempre latentes y paradójicamente presentes en su ausencia.

Mucho que aprender pero, para hacerlo, también hay mucho que desaprender, deconstruir ideas anacrónicas y puntos de vistas que nos obligan a repetir lo aprendido sin cuestionarnos el origen ni los resultados, obstruyendo la posibilidad de pensar fuera de la caja para incorporar conceptos renovadores.

Aprendiendo a desaprender

> «Los analfabetos del siglo XXI no serán aquellos que no sepan leer y escribir, sino aquellos que no puedan aprender, desaprender y reaprender»[31]

Dijimos que los conceptos que incluimos al proyectar, incorporados a lo largo de nuestra vida y durante la formación se naturalizan, ahora veremos cómo esa naturalización deviene en obstáculo epistemológico, que se impone y bloquea la posibilidad de hacer las cosas de un modo diferente del habitual.

Esto sucede con los conceptos tradicionales aceptados como verdad. Hemos intentado plantear miradas divergentes y propuestas que invitan a repensar nuestra realidad, la del proyecto y la formación disciplinar pero, incorporar estas nuevas perspectivas implica «aprender a desaprender»,[32] desaprender para volver a aprender, desaprender para reaprender, construir nuevos conocimientos desde el pensamiento crítico, cuestionarnos, dejar de hacer lo mismo de la misma manera, ensayar nuevos caminos, abandonar la zona de confort y los conceptos que no nos dejan avanzar, reemplazarlos y establecer nuevas conexiones para lograr nuevas metas.

Es un esfuerzo consciente de revisión de lo aprendido para poder incorporar conocimientos superadores, recodificando y resignificando las experiencias, adquiriendo una nueva perspectiva para analizar el mundo que nos rodea. Para hacerlo necesitamos desmotar obstáculos que nos bloquean.

---

[31] Frase de Herbert Gerjuoy, citada por escritor futurista Alvin Toffler en su libro *El shock del futuro* (1970).

[32] Frase de Bertrand Russell.

Deconstruyendo obstáculos epistemológicos

Hemos hablado de situaciones disciplinares que revelan la subordinación del pensamiento a epistemologías generalmente disociadas de sus actores y de sus contextos.

Una subordinación que muchas veces permanece inconsciente para los proyectistas pero que resulta marcadamente perniciosa sobre sus acciones, transferidas al plano profesional y educativo.

Vuelvo a citar a Bachelard, en esta oportunidad al concepto de obstáculo epistemológico, que desarrolla en su libro *La formación del espíritu científico*; concepto relevante transferido por J. P. Astolfi al campo de la didáctica.[33]

A partir de estas ideas plantearemos tres posibles obstáculos (no lo únicos).

Obstáculo epistemológico 1

Es el obstáculo epistemológico clásico en el plano de la didáctica. Emerge del conocimiento cotidiano y suele obstruir en los iniciados la aprehensión del conocimiento disciplinar, tratándose de dos conocimientos diferentes, igualmente importantes, cada uno en su contexto particular de acción.

La naturalización de los objetos del hábitat, entre los que convivimos, produce en los estudiantes concepciones alternativas devenidas del sentido común, que hay que desnaturalizar y reconstruir reemplazando esos saberes empíricos por un conocimiento nuevo, abierto, dinámico y propio del campo.

Este conocimiento anterior es una concepción insistente y persistente, que emerge como «error» en muchos proyectos, hasta ser desmontado y sustituido críticamente, dejando libre acceso al conocimiento disciplinar.

Se cree comprender, pero entre la observación y la experimentación no hay continuidad sino ruptura. Lo que cree saberse ofusca lo

---

[33] Sobre este concepto el profesor Jean Pierre Astolfi desarrolló para el campo de la didáctica el libro *El «error» un medio para enseñar* (2001). Sevilla: DIADA Editorial.

que debiera saberse. El autor sostiene que la opinión piensa mal, es contraria al espíritu científico, obstaculiza y es necesario deconstruirla y reconstruirla para desmontar cada obstáculo, algo similar sucede con el aprendizaje.

Agrega que hay que plantear el problema del conocimiento científico en términos de obstáculos, que no son externos, sino que aparecen en el acto mismo de conocer, como una especie de necesidad funcional, que causa estancamiento y hasta retroceso, una inercia que emerge bajo la forma llamada «obstáculo epistemológico».

Se requiere desandar el camino y volver sobre un pasado de errores (ya que se conoce en contra de un conocimiento anterior) y lentamente se alcanza la verdad y se aprende a reconocer los problemas. Al proyectar, plantear bien el problema a resolver, es el primer acto creativo.

Obstáculo epistemológico 2

El conocimiento académicamente adquirido, introyectado, sesgado e instalado como una verdad irrebatible, posterga o excluye la adquisición de otro conocimiento, inacabado, inclusivo, capaz de celebrar la diferencia e integrarla. Ese conocimiento anterior se constituye en obstáculo epistemológico, esta vez generado por los mismos que debemos removerlo y esto resulta muy difícil de lograr sin un cambio radical ya que: cada uno enseña lo que sabe y los primeros que debemos aprender a desaprender somos los que enseñamos.

La ya mencionada estructura androcéntrica de la disciplina está acompañada de visiones conservadoras, conscientes o no, que intentarán resistir los cambios, un pensamiento incompleto, obturador, que requiere ser revisado; instalado como verdadero y único y transferido a la formación y a los objetos. Docentes y estudiantes necesitamos en primer lugar: aprender a desaprender. Parafraseando a Gadamer (1984), el dominio de prejuicios no percibidos nos vuelve sordos, en tanto los prejuicios de un individuo son, mucho más que sus juicios, la realidad histórica de su ser.

Estamos inmersos en un pensamiento hegemónico orientado por el mercado, nos conquistan formas extrañas a nuestras culturas, nos servimos despiadadamente de la naturaleza, estructuramos nuestro pensamiento con palabras ajenas, somos indiferentes hacia el semejante ignorado o excluido... Remover esas marcas es un largo proceso, no hacerlo es repetir los errores.

Obstáculo epistemológico 3

Las prácticas profesionales tradicionales han sufrido grandes cambios y la necesidad de adaptarse a los requerimientos que demandan nuevos perfiles. La renovación de los planes de estudio, siempre lenta, y la actualización profesional para los ya formados, son una urgencia de estos tiempos.

La evolución tecnológica pone a disposición inéditos modos de pensar el proyecto, su representación y producción, originando un imprevisible repertorio (fractales, plegados, diseño cinético, diseño paramétrico, fabricación digital...) Estos son los cambios más evidentes, sin ser los únicos, aún sin ser atendidos por la academia con la presteza que exigen los tiempos.

Los más preocupantes son los conocimientos enquistados, que no permiten el pensamiento liberador y los cambios epistemológicos necesarios para atender las demandas acuciantes de la sociedad.

También aquí debemos reinventarnos... aprender a desaprender, reaprender. El diseñador italiano Ezio Manzini (2015), en su libro *Cuando todos diseñan*, desarrolla una teoría donde analiza los cambios sociales en relación con los nuevos modos y medios de producción, el rol del diseño en este contexto cambiante y modelos emergentes relacionados con la economía colaborativa, en un mundo interconectado y transitando hacia la sostenibilidad, que se reinventa continuamente.

En esta nueva realidad y enfrentando una economía globalizada, individuos, organizaciones, emprendedores, microeconomías, etcétera, alojados en distintos lugares del universo, necesitan impulsar sus propios proyectos en diversas áreas y ahora pueden hacerlo interconectados digitalmente, lo que les permite acercar la producción al consumo y producir constantes interrelaciones e intercambios de conocimientos y prestaciones, en una economía y sociedad articulada que procura convertir las limitaciones en oportunidades para lograr una mejor calidad de vida.

Se trata de sistemas distribuidos, de una nueva ecología de las relaciones entre personas y de éstas con su entorno, en un camino de creciente sostenibilidad donde confluyen redes de trabajo, de producción, de servicio, micro emprendimientos y nuevas experiencias, distantes pero interconectadas. Según el autor se perfilan así dos tipos de diseño, el difuso y el experto.

Si bien cualquier talento humano puede convertirse en una habilidad eso no produce diseñadores competentes, requerimiento cada vez más solicitado en el mundo actual, en tanto la gestión requiere experticia profesional.

El experto tiene conocimientos generales y específicos que le permiten actuar disciplinariamente en los procesos y, en la complejidad, aumenta su eficiencia; saber qué hacer y cómo hacerlo, interactuar en el codiseño, mediar, propiciar, aportar creatividad, proponer nuevas ideas o colaborar en la concreción de ideas en curso, son algunos de sus posibles aportes.

Desde este lugar, se ocupa de dar sentido a las cosas, de pensar cómo deberían ser para crear nuevas entidades significativas, colaborando activamente en la producción social de significado, con valores y estética. El autor sostiene la importancia de conseguir que sucedan las cosas, ser sensible a las reacciones del entorno y reorientar la acción, pensar y actuar mediante proyectos, diseñar coaliciones y programas, lo cual exige correrse de los roles tradicionales y, una vez más, demanda experticia.

Los nuevos nichos de ejercicio profesional que se abren en este contexto requieren actuar creativamente para gestarlos o potenciar el desarrollo de acciones colectivas en marcha.

En síntesis: a lo largo de este escrito, se intentó un recorrido por algunos contenidos que la formación disciplinar tradicional ha marginado y se eligieron ciertas epistemologías alternativas que emergen como posibilidad de crítica, reflexión y cambio al vincularlas con el conocimiento proyectual.

Las alternativas planteadas no pretenden ser las únicas, amplían la perspectiva y son disparadoras de otras búsquedas, siempre convivenciales y diversas. Estamos lejos de reconocer y enmendar los problemas y más de subsanarlos, aun así, admitiendo que las soluciones desbordan el ámbito disciplinar y requieren cambios sociales y políticos profundos, equidad y miradas inclusivas hacia géneros, razas y culturas, no ignoramos que pequeños cambios y conciencias alertas, área donde la educación es transformadora, son objetivos irrenunciables sobre los que persistir, con la obstinada insistencia de la gota que horada la piedra.

Somos responsables de proponer y acompañar los cambios, podremos lograrlo con una formación crítica y liberadora que replantee la cultura del habitar con fundamentos profundamente éticos.

Tal vez en algunos casos el giro epistemológico propuesto podrá sumar pequeños gestos reformistas o, en otros casos inspirar un revolucionario giro copernicano, siempre de acuerdo a las posibilidades; lo importante es dirigir nuestras acciones profesionales hacia una realidad y un planeta más amigables, donde cada ser encuentre su lugar.

El proyecto es una acción de reflexión que requiere de una teoría que lo sustente e incluya esos objetivos y, a su vez, construye teoría al instalarse como referente de otra acción proyectual superadora, constitutiva y constituyente de ese espacio destinado a albergar a cada ser único e irrepetible, que tiene una sola vida para disfrutar… o padecer.

A MODO DE EPÍLOGO

Deconstruir y reconstruir la cosmovisión

Hoy los límites acotados, comprensibles, definidos, sean físicos, culturales, económicos, sociales, se han difuminado con la globalización.

Múltiples intereses atacan y desplazan el sentimiento de pertenencia cultural, generan centros y periferias, incluidos y excluidos, diluyen las identidades locales que fueron y son progresivamente reemplazadas, eliminan economías regionales, mixturan costumbres, lenguas y religiones, alteran y destruyen vorazmente ecosistemas vitales.

Sin duda son temas complejos que nos excede, pero baste decir que es responsabilidad profesional comprenderlo e intentar darle respuesta dentro de las posibilidades disciplinares.

Solo una profunda concientización puede motivar la búsqueda de soluciones adecuadas, que no son pocas, y esa concientización puede adquirirse durante la formación si podemos despertar una profunda sensibilidad, además de generar los conocimientos necesarios.[34]

---

[34] La filósofa norteamericana Martha Nussbaum, al recibir en 2015 el doctorado *honoris causa* en la Universidad de Antioquía, Colombia, advirtió sobre las consecuencias nefastas que puede tener la apuesta mundial por una educación pensada en base al PBI que prioriza los réditos económicos y deja de lado el pensamiento crítico propio de las humanidades y de las artes, habilidades que son necesarias para mantener vivas las democracias y las instituciones igualitarias. Esas fuerzas dominantes son contra las que la verdadera educación debe luchar. Aboga por una cultura de la disidencia individual y afirma que los jóvenes sólo tendrían esperanza de preservar su independencia si saben pensar críticamente e imaginar alternativas superadoras y empatizar con la vida del otro, con igualdad y respeto.

Dijimos que cada uno de nosotros plantea su relación con el mundo y sus semejantes a partir de un esquema de concepciones introyectadas a lo largo de la vida, una grilla dinámica que tamiza todos nuestros conocimientos y acciones y sobre la que se monta cada nuevo conocimiento.

Durante la formación, las cosmovisiones de los protagonistas se ponen en juego dialécticamente, se reconstruyen y van moldeando progresivamente la ideología de los futuros profesionales, sin embargo, la enseñanza y la práctica del diseño suele mantener tácitas las argumentaciones que las fundamentan, aún cuando las mismas se transferirán consciente o inconscientemente a los objetos, no importa su escala ni su especificidad disciplinar; el pensamiento configurador propio del proyecto transmite la cosmovisión del diseñador, su interpretación objetiva y subjetiva del problema a resolver y expresa la cultura que lo atraviesa.

Este proceso se da en un marco institucional condicionado y condicionante.

> «A menudo ignoramos o no percibimos los nudos que sujetan y articulan la propia especialidad técnica a las relaciones de poder y sus transformaciones, con frecuencia no podemos percibir las razones por las cuales una propuesta que se imagina técnicamente correcta no halla espacio para su realización.» (Ciriza en Cirvini: 2004, 13).

La propuesta pedagógica de cada cátedra es planificada por los profesores titulares según su enfoque de la disciplina y remite a los valores que desea transmitir. Los matices ideológicos son determinados por su cosmovisión, luego comunicada a los docentes que implementan sus propuestas.

Docentes y estudiantes establecerán un vínculo directo, cotidiano, dialéctico e intersubjetivo que habilitará el progreso conjunto a través del proyecto, estructurado y estructurante por las concepciones que le dan forma; experiencia tras experiencia, va tomando forma la cosmovisión del futuro profesional, su ética y la estructura teórica que volcará en cada nuevo diseño. En tanto ningún hacer se explica desde el hacer mismo, la teoría se anticipa como saber fundamentador, ésta puede interpretarse como la ciencia del sentido, una abstracción ordenadora que convierte lo real en cierta y específica realidad, determinada y determinante del contexto cultural con el cual interactúa. (Morales: 1999, 135-141)

Así entendida la teoría de los talleres proyectuales también es preceptiva, en tanto es lo que el alumno deberá tener en cuenta anticipadamente para diseñar, es la que nutrirá su interpretación y luego su creación.

La ideología subyacente en cada una de las elecciones realizadas por las cátedras, los objetivos y contenidos a implementar; el material teórico que se elabore; el tema planteado para su desarrollo, la manera en que se enuncie; el enfoque que se proponga; el nivel de relaciones contextuales que se establezca; el grado de compromiso con la cultura y la sociedad a las que sirve; la bibliografía que se elija; los referentes que se utilicen; la metodología que se implemente; los problemas que se enfoquen; los tiempos asignados; son todos ellos el detonante de una sucesión de decisiones encadenadas e influyentes.

En el marco de nuestra actividad académica iremos adquiriendo modos de pensar, costumbres, sesgos disciplinares, *habitus*,

> «Los *habitus* son principios generadores de prácticas distintas y distintivas pero también son esquemas clasificatorios, principios de visión y de división, aficiones diferentes. Establecen diferencias entre lo que es bueno y lo que es malo, entre lo que está bien y lo que está mal, entre lo que es distinguido y lo que es vulgar, etcétera, pero no son las mismas diferencias para unos y otros» (Bourdieu en Cirvini: 2004, 279).

En cada estudiante estos *habitus*

> «son también el producto de condiciones sociales, históricas, etcétera y que tienen disposiciones, es decir, maneras de ser permanentes, la mirada, categorías de percepción, esquemas, estructuras de invención, modos de pensamiento, que están ligados a sus trayectorias: a su origen social, a sus trayectorias escolares, a los tipos de escuela por la que ha pasado» (Bourdieu: 2003, 40)

Desde el punto de vista inclusivo la universidad como institución debe asegurar no sólo iguales condiciones para todos sus estudiantes sino la mayor equidad, atento a que las clases sociales más desfavorecidas tienen menos posibilidades de éxito por disponer de un menor capital cultural.

Bourdieu señala que hay una estructura de oportunidades diferenciales que el sistema de enseñanza tiende a reproducir; el rendimiento de la acción escolar, dice, depende del capital cultural previamente invertido por la familia (y yo diría, por el estado). Sostiene que ese capital (de apropiación simbólica conseguido económicamente) es un tener transformado en ser.

En ese sentido, puesto todos en la línea de largada, no todos tienen el mismo entrenamiento para la carrera a emprender,

> «es en la relación entre el *habitus* como sistema de disposiciones ligado a una trayectoria social y a un campo, como se define lo que llamo el espacio de los posibles.» (Bourdieu: 2003, 40)

La universidad debiera equiparar esas posibilidades disponiendo la formación complementaria que cada alumno requiera fuera de la currícula para equilibrar los recursos formativos de los menos favorecidos.

Foucault planteaba que las políticas educativas siempre están vinculadas a los sectores de poder dominantes que establecen que enseñar, que no y cómo, fijando hábitos y costumbres, construyendo subjetividades, marcadas por esa relación saber-poder. No hay poder sin relaciones de poder que lo sustenten ni hay saber que no presuponga relaciones de poder.

El autor plantea que el poder no se centra solo en el Estado, sino que circula por toda la sociedad en lo que él llama microprácticas institucionales.

Esta descentralización permite pensar que podemos actuar sobre esas microprácticas generando modos alternativos, entre los cuales la educación, cómo ámbito de discusión y reflexión, es un lugar propicio para los cambios.

La formación es el germen de la ética que, en la disciplina y en la vida, sustentará nuestras acciones y la calidad de relación que seamos capaces de establecer y volcar al proyecto, empática o desapegada, comprensiva o excluyente, afable o indiferente ...

Como vimos, los sesgos personales que el diseñador trasmite devienen de una matriz que organiza su experiencia y universo de conocimiento, constituyen su subjetividad y su relación con el mundo, se originan en sus percepciones, devenidas concepciones, originadas en sus ámbitos de procedencia, familia, sociedad, formación, actividad profesional y se convierten en la materia prima de sus representaciones.

En el momento de diseñar, el discurso social del hábitat lo atraviesa y se funde con sus propias vivencias; las circunstancias externas se articulan con las dos vertientes internas, racionalidad y poética, pensamiento sistemático e intuición, vertientes que se fusionan holísticamente y se manifiestan en procesos conscientes e inconscientes que tienen lugar durante la reflexión en acción devenida proyecto.

Hay un fuerte condicionamiento de origen.

Estamos «formateados» por una tradición que mira la realidad con un solo ojo y necesitamos completar la mirada, integrar realidades que fueron ignoradas, canceladas, distorsionadas por un pensamiento sesgado y renovar los puntos de vista para construir otras perspectivas, integrar «otredades» con un pensamiento complejo, divergente, renovado y renovador.

La universidad debería ser la encargada de liberar el conocimiento y, toda vez que el mismo no esté bien sustentado, enseñar a desaprender e inaugurar un nuevo conocimiento.

Es su misión generar una actitud reflexiva, cuestionadora, crítica y autocrítica y una pertinente orientación disciplinar, actualizada, consciente de la responsabilidad social y el carácter transformador de la acción.

La dinámica de cambio que propone la actualidad demanda la formación de una estructura flexible y sensible de pensamiento, capaz de adaptarse constantemente a nuevas demandas y responder con idoneidad y humanidad. Métodos y contenidos requieren, una continua revisión, realimentada por la dinámica de la realidad y por los grupos de alumnos, a su vez únicos, con el objetivo de formar intelectuales comprometidos con su hacer.

Con cada acción respondemos a una pregunta ontológica: *qué hace el ser al diseñar y qué hace el diseño del ser.*[35]

Esta pregunta ontológica se responde *antes del diseño* para aplicar en cada nuevo objeto, en la dialéctica de sus acciones dentro del contexto del hábitat. De su respuesta depende que estemos habilitando gozosos encuentros o penosos desencuentros con el ser.

---

[35] Morales formula esta pregunta en el contexto de su libro *Arquitectónica* (1999, 16) «¿qué hace el hombre al hacer arquitectura y qué hace del hombre la arquitectura?», una pregunta extensiva al diseño.

Referencias bibliográficas*

Astolfi, Jean P. (2001). *El «error» un medio para enseñar.* Sevilla: DIADA Editorial.

Andruetto, María Teresa (31/3/2019). Discurso en el Congreso de la lengua española. Córdoba: La voz del Interior.

Bach, Ana María (2010). *Las voces de la experiencia.* Buenos Aires: Biblos.

Bachelard, Gastón (1976). *La formación del espíritu científico.* Buenos Aires: Siglo XXI Editores.

Bachelard, Gastón (1990). *La poética del espacio.* México: Fondo de Cultura Económica.

Benedet, Verónica (2020). *Arquitectas (in)Visibles en Euskadi.* Vitoria-Gasteiz: Instituto Vasco de la Mujer.

Bordelois, Ivonne (2005). *La palabra amenazada.* Buenos Aires: Libros del Zorzal.

Bourdieu, Pierre (2003). *Creencia artística y bienes simbólicos.* Córdoba, Buenos Aires: Editorial Aurelia-Rivera.

———, (1995). *Respuestas. Por una antropología reflexiva.* Buenos Aires: Editorial Grijalbo.

Breyer, Gastón (2007). *Heurística del diseño.* Buenos Aires: Ediciones FADU y Nobuko.

Bruner, Jerome (1988). *Realidad Mental y Mundos Posibles. Actos de la imaginación.* Barcelona: Gedisa.

Burbules, Nicholas (1999). *El diálogo en la enseñanza.* Buenos Aires: Amorrortu Editores.

Byung-Chul Han (2020). El terror a lo igual, artículo en *Bloghemia.* Disponible en ‹https://www.bloghemia.com/2020/12/el-terror-lo-igual-por-byung-chul-han.html›.

* *Nota de la autora:* consigno los nombres completos para visibilizar los aportes de las mujeres al conocimiento, de acuerdo al espíritu que ha recorrido este libro.

———, (2022). *La sociedad del cansancio.* Buenos Aires: Editorial Pensamiento Herder.

Cevedio Mónica (2010). Arquitectura y género. La invisibilidad de la mujer en la arquitectura. Barcelona: Icaria.

———, (2017). Arquitectura y género. La invisibilidad de la mujer en la arquitectura, en *Revista Malabia,* 53. Disponible en ‹https://revistamalabia.com/arquitectura-y-genero-la-invisibilidad-de-la-mujer-en-la-arquitectura/›.

Cirvini, Silvia A. (2004). *Nosotros los arquitectos.* Mendoza: Ediciones Ciudad y Territorio, Incihusa, Cricyt.

Cusicanqui, Silvia (2018). *Un mundo* ch'ixi *es posible. Ensayos desde un presente en crisis.* Buenos Aires: Tinta Limón.

De Souza Santos, Boaventura (2017). *Una epistemología del sur.* Buenos Aires: Siglo XXI Editores.

Doberti, R. (2008). *Espacialidades.* Buenos Aires: Ediciones Infinito.

Droste Magdalena (1990). *Bauhaus 1919-1933.* Berlin: Bauhaus-Archiv Museum für Gestaltung.

Falú, Ana (21/7/2022). Por un urbanismo feminista, entrevista de Appiolaza, Martín en *La vanguardia.*

Gadamer, Hans-Georg (1984). *Verdad y método.* Salamanca: Ediciones Sígueme.

Galarce, E.; Mauricio, F. (2012). El «afecto» en la arquitectura, en *Arquitetura-revista.* São Leopoldo: Universidade do Vale do Rio dos Sinos, p. 8-16.

Gilligan, Carol (1982). *La moral y la teoría. Psicología del desarrollo femenino.* México: Fondo de Cultura Económica.

Grüner, Eduardo (2002). *El sitio de la mirada.* Buenos Aires: Grupo Editorial Norma.

Haraway, Donna J. (1995). *Ciencia, cyborgs y mujeres. La reinvención de la naturaleza.* Valencia: Ediciones Cátedra.

Harding, Sandra (1998). *¿Existe un método feminista?* Disponible en ‹https://urbanasmad.files.wordpress.com/2016/08/existe-un-mc3a9todo-feminista_s-harding.pdf›.

Hervás y Heras, Josenia (2014). *El camino hacia la arquitectura: las mujeres de la Bauhaus.* Tesis doctoral, E.T.S. Arquitectura (Universidad Politécnica de Madrid). Disponible en ‹https://doi.org/10.20868/UPM.thesis.34242›.

Hidalgo, Cecilia (2006). *Reflexividades - Cuadernos Antropología Social* #23. Buenos Aires: Facultad de Filosofía y Letras, Universidad de Buenos Aires.

Lander, Edgardo (comp.) (2000). Presentación, en *La colonialidad del saber. Eurocentrismo y ciencias sociales. Perspectivas Latinoamericanas.* Buenos Aires: CLACSO.

Maffía, Diana (2007). Epistemología feminista: La subversión semiótica de las mujeres en la ciencia, en *Revista Venezuela Estudios de la Mujer.*

———, (2/8/2012). *Hacia un lenguaje inclusivo. ¿Es posible?* Jornadas U.B. Mesa redonda: «Traducción, análisis del discurso, género y lenguaje inclusivo». Buenos Aires: Instituto Interdisciplanirio de Estudios de Género, Universidad de Buenos Aires.

Manzini, Ezio (2015). *Cuando todos diseñan.* Madrid: Editorial Fedrigoni.

Mazzeo, Cecilia; Romano, Ana María (2007). *La enseñanza de las disciplinas proyectuales.* Buenos Aires: Nobuko.

Morales, José R. (1999). *Arquitectónica. Sobre la idea y el sentido de la arquitectura.* Madrid: Metrópoli.

Montaner, Josep; Muxí Zaida (6/7/2010). Reflexiones para proyectar viviendas del siglo XXI. *Dearq*, 6, p. 82-99. Disponible en ‹https://www.redalyc.org/articulo.oa?id=341630315009›.

Mujica Garcia, J.A.; Fabelo Corzo, J.R. *La colonialidad del ser: La infravaloración de la vida humana en el sur-global.* México: Universidad de Puebla. Disponible en ‹https://dialnet.unirioja.es/servlet/articulo?codigo=7571308›.

Muxí, Zaida (comp.) (17/6/2011). ¿Qué aporta la perspectiva de género al urbanismo? *Feminismo/s* (17), p. 105-129. Disponible en ‹https://feminismos.ua.es/article/view/2011-n17-que-aporta-la-perspectiva-de-genero-al-urbanismo›.

———, Presentación del libro *Mujeres, casas y ciudades.* Disponible en ‹https://soyarquitecta.net/blog/2019/04/21/zaida-muxi-en-la-fadu-uba-la-division-de-roles-excluye-a-las-mujeres-de-la-arquitectura-2/›.

Najmanovich, Denise (2010). *Epistemología y Nuevos Paradigmas en Educación. Educar y aprender en la sociedad-red.* Disponible en ‹https://www.rizoma-freireano.org/articles-0606/epistemologia-y-nuevos-paradigmas-en-educacion-educar-y-aprender-en-la-sociedad-red-dra-denise-najmanovich›.

Novas, María (2014). *Arquitectura y género. Una reflexión teórica.* Disponible en ‹https://www.academia.edu/63456706/Arquitectura_y_género_Una_introducción_posible›.

Palaasmaa, Juhani (2006). *Los ojos de la piel.* Barcelona: Gustavo Gili.

Pateman, Carol (1995). *El contrato sexual.* UAM México: Anthopos.

Pineda, Valentina (2020). *Urbanismo feminista y ecologismo: La vida en el centro.* Disponible en ‹http://cit.zacatecas.gob.mx/index.php/2020/01/16/urbanismo-feminista-y-ecologismo-la-vida-en-el-centro/›.

Romano, Ana María (2015). *Conocimiento y práctica proyectual.* Buenos Aires: Ediciones Infinito.

———, (2021). *Aprender (y enseñar) a proyectar Arquitectura.* Buenos Aires: Diseño Editorial.

Segato, Rita Laura (2015). *La crítica de la colonialidad y Una antropología por demanda.* Buenos Aires: Prometeo.

Svampa, Maristella (marzo-abril 2015). *Feminismos del sur y ecofeminismos.* Nueva Sociedad 256.

Vygotsky, Lev S. (1995). *Pensamiento y lenguaje.* Buenos Aires: Editorial Lautaro.

Wittegenstein, Ludwig (1979). *Tractatus lógico-philosophicus.* Madrid: Alianza.

www.ingramcontent.com/pod-product-compliance
Lightning Source LLC
LaVergne TN
LVHW012112160826
845678LV00014B/3059

* 9 7 8 9 8 7 3 9 7 0 4 4 3 *